Ray Robertson

WARUM NICHT?

Ray Robertson

WARUM NICHT?

15 Gründe, doch am Leben zu bleiben

Aus dem Englischen von
Reinhard Kreissl

Diederichs

Die Originalausgabe erschien unter dem Titel *Why not? Fifteen Reasons to Live* © 2011 Biblioasis, Emeryville/Ontario

Canada Council   Conseil des arts
for the Arts   du Canada

Der Verlag dankt dem *Canada Council for the Arts* für die Gewährung eines Übersetzungskostenzuschusses.

FSC® C017859

Verlagsgruppe Random House FSC-DEU-0100
Das für dieses Buch verwendete FSC®-zertifizierte Papier
EOS liefert Salzer Papier, St. Pölten, Austria.

© 2012 Diederichs Verlag, München,
in der Verlagsgruppe Random House GmbH
Umschlaggestaltung: Weiss | Werkstatt | München
Layout und Herstellung: Julia Schubert, München
Druck und Bindung: CPI Moravia Books s.r.o., Pohorelice
Printed in Czech Republic
ISBN 978-3-424-35079-1

www.diederichs-verlag.de

Mens sana in copore sano

JUVENAL

Du sagst, du willst mir einen Rat geben? Hast du dir denn schon selbst einen Rat erteilt? Hast du deine Probleme denn schon gelöst? Hast du daher Zeit, anderen Leuten Hilfestellung zu geben? Ich würde mich hüten, andere zu behandeln, wenn ich selbst krank bin. Wir reden hier wie zwei, die im selben Krankenzimmer liegen, über unsere Krankheit und tauschen uns über die passende Kur aus. Also hör mir zu, als würde ich zu mir selbst sprechen.

SENECA

INHALT

9	VORWORT
15	ARBEIT
29	LIEBE
43	RAUSCH
57	KUNST
71	DIE MATERIELLE WELT
85	INDIVIDUALITÄT
99	HUMOR
111	SINN
123	FREUNDSCHAFT
137	EINSAMKEIT
149	DER KRITISCHE GEIST
159	LOBPREIS
173	PFLICHT
185	HEIMAT
197	TOD
209	BIBLIOGRAFIE

VORWORT ZUR DEUTSCHEN AUSGABE

Es ist ganz offensichtlich: man hat nicht die Spur einer Chance.

Der Planet stirbt, die guten Jobs verschwinden, der mörderische Imperialismus feiert fröhliche Urstände, die Starken beuten die Schwachen aus, schlechte Kunst und Dummheit, wohin man schaut. »Lieber einen Stein als Kopfkissen als eine Illusion«, heißt es bei Robinson Jeffers. Suchen Sie sich also einen bequemen Felsbrocken und ab ins Bett.

Gute Nacht bedeutet aber nicht auf *Nimmerwiedersehen*. Ehrlichkeit ist eine Kardinaltugend, Verzweiflung und Passivität sind es nicht, auch wenn es heißt, diese sei die Folge jener. Wenn man sich schmerzliche Wahrheiten eingesteht – sei es über den eigenen oder den Zustand der Welt – dann ist das nur der erste Schritt beim Aufbau eines glücklichen Lebens, das diesen Namen wirklich verdient. Aber auch nicht mehr – ein erster Schritt eben. Man muss sich ab und zu dem Fegefeuer unschöner Wahrheiten aussetzen, aber man sollte sich dann nicht immer an der Stelle kratzen, wo die Brandblasen jucken. Wer so handelt, wird weder emotional noch intellektuell jemals erwachsen werden.

Als ernsthafter und selbstgrüblerischer junger Student – gibt es überhaupt andere?! – war Nietzsches Parabel »Von den Drei Verwandlungen« im *Zarathustra* (vom Kamel das sich zum Löwen und letztlich zum Kind verwandelt) eine Erleuchtung. Was natürlich nicht weiter verwunderlich ist. Was könnte einem selbst ernannten Außenseiter aus der unteren Mittelklasse in der Hölle der Vororte besser gefallen als Nietzsches Ermunterung »... sich von Eicheln und Gras der Erkenntnis nähren und um der Wahrheit willen an der Seele Hunger leiden«? Es ist schlichtweg heroisch, wenn man in der erstickenden Gemütlichkeit und verschlafenen Selbstgefälligkeit des Konformismus sich solch rückhaltlose Aufrichtigkeit zur ethischen Maxime erhebt.

Aber eine von Nietzsche inspirierte Heldenhaftigkeit ist mehr als ein Martyrium im Angesicht der widerlichen Wirklichkeit. Akzeptiert man die Verantwortung der Wahrheitssuche (und akzeptiert dann auch die gefundenen Wahrheiten), so übernimmt man damit zwei weitere Verpflichtungen: man muss sich von den schalen und oberflächlichen Wertorientierungen lösen, die einem in die Wiege gelegt wurden, und das »Recht sich nehmen zu neuen Werten – das ist das furchtbarste Nehmen für einen tragsamen und ehrfürchtigen Geist«. Furchtbar ist dieses Nehmen, weil der Rückzug in den machtlosen Nihilismus auch bedeutet, sich einer nichtswürdigen Existenz hinzugeben, die das letzte Ziel der Entwicklung der Persönlichkeit verfehlt: Das Leben zu feiern! Aber um zu dieser Haltung dem Leben gegenüber überhaupt vorzudringen, um das Leben zu feiern, statt es nur spöttisch zu kommentieren, muss man wieder zum Kind werden.

»Unschuld«, so Nietzsche, »ist das Kind und Vergessen, ein Neubeginnen, ein Spiel, ein aus sich rollendes Rad, eine erste Bewegung, ein heiliges Ja-Sagen. Ja, zum Spiele des Schaffens, meine Brüder, bedarf es eines heiligen Ja-Sagens: *seinen* Willen will nun der Geist, *seine* Welt gewinnt sich der Weltverlorene.« Sich der Dinge voll bewusst werden; weg mit falschen Werten, die keine Erfüllung beinhalten – dem Konsumdenken, dem religiösen und politischen Fundamentalismus, den technisch oder pharmakologisch unterstützten Fluchten – dann konzentriert sich die Existenz irgendwann auf jenen Kern an Werthaltungen und Erfahrungen, Vorstellungen und Handlungen, die dem eigenen Leben wirklich Sinn verleihen. *Warum nicht? 15 Gründe, doch am Leben zu bleiben* ist meine Aufstellung der Dinge, die für mich den Sinn des Lebens ausmachen.

Es gibt zweifelsohne mehr als die hier aufgezählten Gründe, und zweifelsohne wird nicht alles, was ich in den folgenden fünfzehn Essays hochhalten werde, allen Lesern gefallen. Hierauf kann ich nur aus Thoreaus *Walden* zitieren: »Ich sollte nicht so viel von mir selbst sprechen, wenn es nur einen anderen gäbe, mit dem ich so vertraut bin. Dummerweise bin ich aufgrund meiner mangelnden Erfahrung auf dieses eine Thema beschränkt.«

Auch meine Lektüre ist begrenzt. Ich halte mich für einen halbwegs belesenen Menschen (gut bewandert in der Philosophie, schwach in Geschichte; ziemlich vertraut mit der Literatur des 19. und 20. Jahrhunderts, halte auch viel von Shakespeare und den alten Römern, aber jenseits der englischen Romantik wird's literarisch dünn bei mir). Bestimmte Autoren werden hier immer wieder auftauchen, was einfach nur Zeugnis ihrer Bedeutung für mein Leben ablegt. Als Philosophiestudent in den ersten Semestern in Toronto wurde einem deutlich vermittelt, was man von den herablassend als »Weisheitsliteratur« bezeichneten Texten zu halten habe, die nicht in den Kanon der analytischen Sprachphilosophie passten – nämlich nichts. Die Philosophie, wie sie der griechische Stoiker Seneca verstand – »Soll ich dir sagen, was die Philosophie für die Menschheit bereithält? Ratschläge ... Eure Aufgabe ist es den Unglücklichen zu helfen« –, hielt man bestenfalls für eine liebenswerte Kuriosität und schlimmstenfalls für laienhaften Pragmatismus minderer intellektueller Güte. Das war einer der Gründe, die mich von der Philosophie zur Literaturwissenschaft wechseln ließen: gute Romane schienen mir wie eine Art Übungsprogramm, wo man in Prosa seine Ideen auf ihren Wert und ihre Alltagstauglichkeit testen konnte.

Die Autoren, auf die ich mich zeit meines Lebens für spirituelle und intellektuelle Geistesnahrung verlassen habe und auf die ich im Folgenden immer wieder zurückgreifen werde, sind – egal ob sie als Dichter, Denker, Künstler oder römische Staatsmänner gelten – Philosophen in einem sehr grundlegenden Sinne.

»Das Ziel der Philosophie ist der Zustand des Glücks«, schrieb Seneca. »Sie zeigt uns den Unterschied zwischen dem nur scheinbaren und dem wahren Bösen. Sie befreit den menschlichen Geist von leeren Gedanken, vermittelt ihm das Fundament der Größe und hilft ihm den falschen Schein zu erkennen. Sie sorgt dafür, dass wir zwischen wahrer und aufgeblasener Größe unterscheiden lernen.«

Wenn ich als Westentaschenintellektueller erscheine, weil ich Emily Dickinson, William Blake, Cicero oder Jonathan Richman als unerschütterliche Wahrheitssucher betrachte, dann kann ich daran auch nichts ändern. Sein Leben mit der Suche nach den Dingen zu verbringen, die es lebenswert machen, scheint mir keine ganz schlechte Art, die Zeit totzuschlagen. Abgesehen davon hat man mich schon Schlimmeres genannt.

Camus hatte nur zum Teil recht als er schrieb, dass es »nur ein wirklich ernsthaftes philosophisches Problem gibt, nämlich die Frage des Selbstmords. Das Urteil darüber, ob das Leben lebenswert ist oder nicht, berührt die Grundfrage jeder Philosophie.« Der physische Selbstmord bezeichnet nur eine von mehreren Arten, das Leben zu zerstören. Physisch zu existieren und geistig zu sterben – wofür wir jeden Tag auf den Gesichtern in der U-Bahn, am Arbeitsplatz, aber auch bei unseren Freunden und Liebsten den Beleg finden können – entspricht nicht den Möglichkeiten des menschlichen Lebens. So muss und so soll man nicht leben.

»Der Tod ist nicht das größte Übel«, meinte Sophokles. »Schlimmer ist es, sterben zu wollen und nicht sterben zu können.« *Warum nicht? 15 Gründe, doch am Leben zu bleiben* ist kein Buch gegen das Sterben; wenn es gelungen ist, dann beschäftigt es sich mit der viel wichtigeren Frage: Warum sollte man nicht einfach leben?

ARBEIT

Arbeit allein adelt.
THOMAS CARLYLE

Die erste Regel beim Schreiben ist auch die erste Regel des Lebens: Machen, nicht reden. Flannery O'Connor sagte, dass die Leser nichts glauben, was ihnen der Autor erzählt – er muss es ihnen zeigen. Niemand musste mir erklären, wie meine Eltern ihren Lebensunterhalt verdienten. Es war schwer, schmutzig und erniedrigend. Das sah ich am Ende des Tages an ihren erschöpften Gesichtern, ihren trüben Augen, den schlaffen Gliedern. Ich roch die verschwitzen Arbeitsklamotten. Ich hörte es in ihren müden Stimmen.

Aber schlimmer als die körperlichen Folgen waren die Schäden, die ihre Seelen nahmen.

Wenn meine Mutter ein paar Tage freihatte und endlich zu Hause war, griff sie zum Telefon und rief eine Arbeitskollegin an, und sie unterhielten sich über ihre Arbeit – was sonst?!

Mein Vater war ebenso wie meine Mutter darauf erpicht, dass ich gut in der Schule war, denn beide wollten nicht, dass ich so endete wie sie (stattdessen sollte ich eines Tages einer dieser Anzugträger werden, die alle in der Fabrik hassten und denen sie misstrauten). Allerdings konnte er nicht verstehen, dass ich einen ruhigeren Ort als den Küchentisch brauchte, um meine Hausaufgaben für die Highschool zu machen, auch verstand er nicht, warum ich die Überstunden ablehnte, die mir mein Chef im Kaufhaus Sears anbot. Wie konnte er auch? Er arbeitete seit seinem dreizehnten Lebensjahr und konnte nicht nachvollziehen, dass das Gedudel aus dem Radio und das Geklapper von Kochtöpfen nicht gerade die ideale Umgebung waren, um sich in die Mysterien der Algebra zu vertiefen, oder dass sich die paar Kröten, auf die ich ohne Überstunden verzichtete, später als lohnende Investition erweisen würden.

Selbst mit vierzehn Jahren und bereits selbst mit einem kleinen Nebenjob beschäftigt, war mir klar, dass ein Leben voller repetitiver, nervtötender Arbeit nicht das Gelbe vom Ei war. Das westliche Ontario hat eine fruchtbare Erde und schwüle Sommer und daher gab es jedes Jahr im Juli und August eine große Nachfrage nach »Maispflückern«. Schüler wurden busweise auf die Felder gekarrt, wo sie für einen Hungerlohn durch die Felder gingen und die Blüten von den Maiskolben pflückten. Morgens war es kühl und neblig und unsere Arbeitskleidung – große Plastikabfalltüten, in die Löcher für den Kopf und die Arme geschnitten waren – hielten weder die Feuchtigkeit noch die Kälte ab, und am Nachmittag brannte die Sonne unerbittlich herab. Aber für viele Jugendliche war das die erste Möglichkeit, selbst Geld zu verdienen, und das regte die Fantasie an – zumindest bei mir: Träume von Schallplatten, neuen Klamotten, die mir meine Mutter nicht kaufen wollte, und viel, viel Fastfood. So wurden die endlos langweiligen Tage erträglich.

Manchmal wachte ich in der zweiten Woche meiner Arbeit aus Träumen auf, in denen ich Mais gepflückt hatte, nächtliche Schichten von acht Stunden, Pflücken, Pflücken, Pflücken. Dank einer Klimaanlage war es in meinem Schlafzimmer angenehm kühl, aber während ich mich zur Arbeit anzog, sah ich die Sonne heraufziehen, die bald für unerträgliche Hitze sorgen würde. Ich musste in knapp einer Stunde auf dem Schulhof sein, wo uns der Bus abholte, und so war ich bereits am Morgen erschöpft.

Zwar war Philip Larkin kein Fabrikarbeiter wie mein Vater und auch keine Küchenkraft im Altenheim wie meine Mutter oder Ferienjobber auf dem Maisfeld wie ich, sondern Bibliothekar, aber er formulierte treffend, was ich beim Anblick meiner Eltern und beim Ausblick auf meine eigene Zukunft empfand.

Warum muss die hässliche Kröte Arbeit
Auf meinem Leben hocken?
Kann ich nicht meinen Grips als Mistgabel nehmen
Und einfach das Vieh verscheuchen?

Sechs Tage jede Woche
Quält sie mich mit ihrem Gift.
Alles nur, um die paar Rechnungen zu zahlen.
Da stimmt was nicht.

Unsere Familie hatte kein Monopol auf das von den Mühen der Arbeit geprägte Unglück. Wie wir wissen, hat William Blake niemals unser Kaff Chatham in Ontario besucht, aber wenn man sein Gedicht *London* liest, könnte man meinen, er sei hier gewesen: »Ich wandere durch verkaufte Gassen / wo die verkaufte Themse fließt / und wo aus jedem dieser blassen Gesichter / Weh und Schwäche sprießt.« Aber es waren nicht nur die bleichen Gesichter derjenigen, die gegen ihren Willen in der Tretmühle lebten, die einen so bedrückten. Jeden Freitag blühten sie auf, wieder eine Woche vorbei und zwei ganze freie Tage vor sich, aber bald – allzu bald – verwelkte das frische Versprechen eines freien Wochenendes beim nüchternen Blick auf den unvermeidlichen Sonntagabend. Aber wie viel Freude brachten schon die kurzen Verschnaufpausen der Wochenenden, die alljährlichen Sommerferien, die Geschenke unterm Christbaum, der nachmittägliche

Einkaufsbummel? Wie groß solche Ablenkungen auch waren, wenn man freihatte, in die Ferien fuhr oder Weihnachtsgeschenke bekam – es war nie so toll, wie man es sich ausgemalt hatte. Wenn man gestern sein ganzes Geld in irgendwelchen Glitzerkram investiert hatte, am nächsten Morgen war der Glanz weg. Man hatte oft den Eindruck, die Menschen wären zwar glücklich, wenn auch nicht so ganz, und trotteten dann irgendwie erleichtert zurück an die Arbeit, über die sie nur wieder die ganze Zeit meckerten.

»Nichts ist für den Menschen so unerträglich wie ein Zustand vollständiger Ruhe«, meinte Pascal, »ohne Leidenschaften, ohne Beschäftigung, ohne Ablenkung, ohne Anstrengung. Dann empfindet er seine Nichtigkeit, seine Einsamkeit, Hilflosigkeit, Leere und Unangemessenheit.« Haben die Menschen die Wahl zwischen Langweile und Sorge, wählen sie meist die Letztere. Ich hasste dieses Gefühl – und ich hätte es nie zugegeben – aber Mitte August wollte ich dann wieder zurück in die Schule gehen. Jedes Mal schwor ich mir zu Beginn der Sommerferien, dass ich mich nie wieder so langweilen würde – alles war besser als Geografie oder Mathematikhausaufgaben – aber die schwüle Hitze des August ließ in mir das Bedürfnis wachsen, regelmäßig irgendwo hinzugehen und etwas zu tun zu haben. Auch wenn das bedeutete, sich mit der Kontinentaldrift zu beschäftigen und Integrale zu berechnen.

Als ich dann regelmäßig arbeitete – ich war vom Maispflücker über den Tellerwäscher zum Aushilfsverkäufer bei Sears aufgestiegen –, konnte ich die Befriedigung nicht mehr leugnen, die sich einstellt, wenn man etwas getan hat, auch wenn die Tätigkeit selbst, abgesehen vom wöchentlichen Gehaltscheck nichts Positives an sich hat. In seinem einfachen, aber sehr bewegenden Gedicht *The Blacksmith* fängt Henry Wadsworth Longfellow dieses elementare Gefühl der existenziellen Befriedigung gut ein:

> Jeder Morgen bringt neue Aufgaben,
> jeden Abend sind sie erledigt;
> manches begonnen, manches geschafft,
> so kommt die Nachtruhe verdient.

Fröhliche Menschen haben Spaß an ihrer Arbeit. Natürlich muss man auch Glück haben: Mein Vater wurde von seinem Vater im Alter von zwölf Jahren losgeschickt, um von Haus zu Haus zu gehen, und Äpfel zu verkaufen. Er konnte die Schule nicht besuchen. Er hatte nicht die Möglichkeiten, die mir aufgrund der Opfer, die meine Eltern für mich brachten, offenstanden. Meine Eltern hatten für mich gespart und so konnte ich, ohne Schulden zu machen, auf die Universität gehen. Emotionale Befriedigung war für meinen Vater kein Kriterium, als er kurz nach der Hochzeit mit meiner Mutter bei Ontario Steel zu arbeiten begann.

Dort konnte man damals als ungelernte Arbeitskraft am meisten verdienen und das war ausschlaggebend. Matisse hätte ihm wahrscheinlich zugeflüstert: »Hol dir dein Glück durch ein befriedigendes Tagwerk, lichte den Nebel, der uns umgibt.« Aber ich glaube nicht, dass die Frau von Matisse hochschwanger war und er nicht wusste, wie er die Kaution für seine Wohnung aufbringen sollte, als er diesen funkelnden Sinnspruch von sich gab.

Selbst Arbeit, die nicht zu hundert Prozent erbaulich, erhebend und befriedigend ist, kann erfüllend sein. Flaubert, der große Ästhetiker des modernen Romans, betete darum, »lieber wie ein Hund zu sterben als einen einzigen unvollkommenen Satz zu produzieren«. Doch scheinen seine aufmunternden Predigten mit der Aufforderung an seine Freunde, hart zu arbeiten, eher therapeutischer als ästhetischer Natur.

»Arbeite, arbeite, schreibe – schreibe, solange es geht, solange die Muse bei dir ist. Sie ist das beste Schlachtross, sie lehrt dich, das Leben in Anstand zu meistern. Die Bürde des Daseins fällt von uns ab, wenn wir etwas schaffen.« Und an anderer Stelle: »Brüte nicht vor dich hin. Versenke dich in ausführliche Studien: nur wer ausdauernd arbeitet, kann auf Dauer zufrieden sein; die Ausdauer ist Opium für die Seele. Ich habe Zeiten grausamer Langeweile durchlebt, schwebend durch die Leere, voll schaler Ablenkung. Man hält sich selbst aufrecht durch Ausdauer und Stolz.

Versucht es selbst.« Und schließlich: »Ich setze meine gemächliche Arbeit fort wie ein guter Arbeiter, der die Ärmel aufkrempelt und an seinem Amboss schwitzt, egal ob es regnet oder schneit, bei Hagel und Gewitter.«

Auch Baudelaire begriff die Arbeit als eine Art Schutz gegen die Krankheit des alltäglichen Trotts (einschließlich der inneren Leiden, die damit einhergehen). So klingt das in seinem Prosagedicht *Um ein Uhr morgens*:

> Unzufrieden mit allen und unzufrieden mit mir, möchte ich mich in der Stille und Einsamkeit der Nacht gerne von meiner Schuld befreien und wieder ein wenig stolz auf mich werden. Ihr Seelen, die ich geliebt, ihr Seelen, die ich besungen habe, stärkt mich, steht mir bei, haltet fern von mir die Lüge und die verderblichen Dünste der Welt; und Du, Herr mein Gott, schenke mir die Gnade, ein paar schöne Verse zu machen, die mir selbst den Beweis liefern, dass ich nicht der letzte der Menschen bin, dass ich nicht geringer bin als jene, die ich verachte.

Nicht nur sind Baudelaires und Flauberts Einlassungen zweckorientiert, beide Autoren empfehlen darüber hinaus Arbeit als Mittel gegen Lethargie, als Form der Gegenwehr gegen die Widrigkeiten des grobstofflichen Lebens. Im folgenden Zitat ermuntert Flaubert seine Angebetete, Louise Colet, auf öffentliche Anerkennung zu verzichten und sich stattdessen zur Selbstfindung auf ernsthafte literarische Tätigkeit zu konzentrieren. Aber genauso hätte er den Sportler, der trotz Schmerz weitermacht, den Lehrer, der trotz Krankheit seine Unterrichtsstunden abhält, oder die Pflegerin, die ihren Patienten trotz eigenen Leids Trost spendet, als Beispiel nehmen können.

> Ich sage dir, wann du stolz sein kannst. Wenn du des Abends zu Hause sitzt in deinem ältesten Nachtgewand, Henriette [Colets Tochter] dir auf die Nerven geht, der Ofen nicht richtig zieht und du dir Sorgen darüber machst, wo das Geld herkommen soll. Du willst schweren Herzens und innerlich verwirrt ins Bett gehen; unruhig läufst du in deinem Zimmer auf und ab, starrst auf das Feuer und du siehst, dass es nichts gibt, was dir helfen könnte, kein Mensch dir zur Seite steht und alle dich verlassen haben. Und dann – irgendwo vergraben unter deiner Erniedrigung als Frau – spürst du das Wirken der Muse, tief in dir beginnt etwas zu singen, etwas Fröhliches und Feierliches, wie ein Schlachtruf, eine Herausforderung, die du dem Leben ins Gesicht wirfst, ein aufwallendes Selbstbewusstsein deiner eigenen Stärke, der Schein künftiger Arbeit glüht am Horizont. Die Tage, an denen dir das widerfährt, sind die Tage, auf die du stolz sein kannst.

Lässt man die Versuche, meine Schlagtechnik beim Eishockey zu verbessern, indem ich wie ein Wilder gegen das Garagentor ballerte, oder mein verzweifeltes

Hanteltraining zur Stärkung meines Bizeps beiseite, so hatte ich meine erste Erfahrung mit Flauberts Tagen des Stolzes im zarten Alter von achtzehn Jahren, als ich kurz davorstand, den Abschluss an der Highschool nicht zu schaffen. Nachdem ich zuerst Physik und dann Mathematik hingeschmissen hatte – oder besser gesagt hatten diese Fächer mich hingeschmissen – blieb mir nur noch eine Möglichkeit: ein Fernstudium in Amerikanischer Geschichte. Das Problem war, dass dieser Kurs im Januar begann und mir nur fünf Monate blieben, um das Lernpensum von zehn Monaten zu bewältigen, und ich brauchte diesen Abschluss, um meine Zulassung an der Universität zu bekommen. So saß ich also jeden Abend, nachdem ich meine anderen Hausaufgaben erledigt hatte, da und las und schrieb und schrieb und las, bis mein rechter Zeigefinger taub war. Fußball und Hockey hatte ich schon lange aufgegeben, aber mit meinem Zeigefinger hätte ich ziemlich angeben können, wie früher, als ich trotz kaputter Schulter oder gebrochener Rippe zum Spiel antrat. Stattdessen rieb ich mir den Finger und lächelte.

Zwar wusste ich jetzt alles über die Doktrin des Manifest Destiny und die Boston Tea Party und hatte auch die Prüfung geschafft, aber es sollte noch sieben Jahre dauern, bis ich den ersten Satz meines ersten Romans niederschrieb. Dennoch hatte ich eine wichtige Lektion des literarischen Lebens gelernt: so etwas wie eine Schreibhemmung, den berühmten »writer's block«, gibt es nicht. (Es handelt sich hier um eine eingebildete Krankheit, die sowohl Profis erfasst, die nichts zu sagen haben, als auch Laien, die nicht wissen, wie sie etwas sagen sollen.) Wer etwas zu sagen hat, soll es sagen. Wenn nicht, dann möge er schweigen. Wenn man nichts hat, worüber man schreiben kann, bedeutet das nicht, dass man unter eine Blockade leidet – es bedeutet, dass man das Schreiben sein lassen sollte. Oft vergessen Schriftsteller und andere, die in der glücklichen Lage sind, ihren Lebensunterhalt damit zu verdienen, dass sie sich an einen Schreibtisch setzen, dass sie, wie Mordecai Richler es formulierte, »nicht eingezogen wurden, sondern sich freiwillig gemeldet haben«. Man könne daher mit weitaus »weniger Selbstmitleid, weniger Lamentieren über Lohnschreiberei und die Einsamkeit des Autors vor dem schrecklichen leeren weißen Blatt« auskommen. Richler zählt neben mir zu den wenigen anerkannten kanadischen Schriftstellern, die aus der Arbeiterklasse kommen, und hat aus dem aufgeblasenen Gerede von der »künstlerischen Empfindung« die Luft gelassen, als er sagte, »mein Vater, ein erfolgloser Schrotthändler, arbeitete wesentlich härter als ich und die Arbeit verschaffte ihm weniger Befriedigung als mir. An schlechten Tagen ist es gut, sich daran zu erinnern.«

Wenn man das Glück hat, seine Berufung gefunden zu haben, dann vermittelt das eine Befriedigung, wie nichts anderes sie einem geben kann – zumindest habe ich noch keine Alternative entdeckt. »Gesegnet ist der, der seine Arbeit gefunden hat«, heißt es bei Thomas Carlyle; »er braucht keine weiteren Segnungen.« Wenn ich arbeite – versunken, völlig auf mich konzentriert – dann ist der einzige Begriff, der darauf passt, der des Absorbiertseins. Man setzt sich an den Schreibtisch, spielt ein bisschen mit den Textstellen vom Vortag, nimmt den Wasserkessel vom Ofen, brüht sich die ersten Tassen entkoffeinierten Tee auf und schaut zum Fenster raus, liest ein Gedicht von Emily Dickinson, um sich wieder der Verantwortung für die Sprache gewahr zu werden, unterdrückt die Verlockung, die E-Mails zu lesen, und stellt fest, dass man ja Plätzchen zum Tee besorgt hatte, man kramt weiter herum und diesmal geht das Herumkramen bruchlos über in die nächste Zeile Text – eine neue Zeile – wie der Haken, den ein Bergsteiger in die Felswand schlägt, um den nächsten Schritt nach oben vorzubereiten – zur nächsten Zeile – und so weiter, Zeile für Zeile. Schaut man dann auf die Uhr, dann will man es nicht glauben: man hat anderthalb Stunden gearbeitet, aber es fühlt sich an wie zwanzig Minuten. Super.

Die Schlusszeilen von Raymond Carvers Gedicht *Arbeit* erfassen die geradezu alchemistische Verwandlung, die man in der Vertiefung in das Tun durchläuft: »Die Fülle vor der Arbeit / Das unglaubliche Verstehen danach.« Es ist nicht nur eine befriedigende Erfahrung; auch das Endprodukt, geadelt durch die volle Konzentration und liebevolle Hingabe, ist einfach eine Bereicherung. »Freude bei der Arbeit macht das Ergebnis perfekt«, wie Aristoteles feststellte. Carlyle ging noch einen Schritt weiter und meinte: »Man kann ein gutes Paar Schuhe nur machen, wenn man es mit Hingabe tut.« Keith Richards nahm seine Gitarre mit aufs Klo. Und das hört man an den Stücken, die von den *Rolling Stones* in ihrer künstlerischen Hochphase produziert wurden.

Nicht jeder kann (oder will) ein Dichter, Autor oder Gitarrist sein – die Welt braucht ebenso dringend Kellner, Bauern und Bankangestellte, Lehrer und Klempner. Walt Whitmans Gedicht *Ich höre Amerika singen* ist in seiner Emphase einer Welt, in der jeder Mensch seine eigene Würde entdeckt, sicherlich naiv und zu optimistisch, nichtsdestotrotz ist es anregend.

> Ich höre Amerika singen, ich lausche der Vielfalt der Lieder,
> Den Liedern der Handwerker, die jeglicher singt, um heiter zu bleiben, und stark,
> Sein Lied singt der Zimmermann, wenn er sein Brett misst, oder den Balken,
> Sein Lied singt der Maurer, wenn er an die Arbeit geht, oder sie wieder verlässt,
> Der Bootsmann singt an Bord, was zu ihm passt, der Schiffsjunge singt auf dem Oberdeck des Dampfers,
> Der Schuhmacher singt an der Werkbank hockend, der Hutmacher singt im Stehen,

Das Holzfällerlied, des Pflügers Gesang erklingen
> morgens auf dem Weg hinaus, in der Mittagspause,
> oder bei Sonnenuntergang,

Das köstliche Singen der Mutter, der jungen Hausfrau
> beim Tagwerk, oder des Mädchens beim Nähen
> und Waschen,

Ein jeder singt, was zu dem Tage passt.

Auch wenn Whitmans Worte nicht die Lebensrealität der Menschen beschreiben, so sind sie doch ein aufwühlender – und notwendiger – Appell an ein besseres Leben.

LIEBE

Liebe ist ein von Hand gefertigtes Geschenk.
GUY CLARK

Wir suchen sie uns nicht aus, ebenso wenig wie sie sich uns aussuchen. Und doch sehen wir ihnen gleich. Wir reden wie sie. In unseren Adern fließt ihr Blut, unser Herz, unser Hirn, unsere Lungen wachsen aus ihren. Wir sind uns natürlich sicher, dass die Bücher, die wir lesen, die anspruchsvolleren sind, dass die Musik, die wir hören, schöner ist und die Partner, die wir uns suchen, besser zu uns passen. Aber irgendwie, irgendwann werden wir wie unsere Eltern. Natürlich leistet jeder seinen eigenen unverwechselbaren Beitrag zur Selbstwerdung – mein Vater pfeift unbeirrt Rock 'n' Roll-Songs aus den Fünfzigern vor sich hin, wenn er in der Garage mit dem Golfschläger das Einlochen übt, während ich meine Frau damit nerve, beim Abwaschen der Teller Honky-Tonk-Melodien vor mich hin zu summen – aber Wordsworth hat seinen Gedanken nicht ganz zu Ende gedacht, als er meinte, das Kind sei der Vater des Mannes: jedes Kind ist vor allen Dingen und in erster Linie auch ein Sohn oder eine Tochter. Und zwar nicht die Tochter oder der Sohn von irgendwem. Man mag das gut finden oder nicht, so ist es nun mal.

Biff ist auf die Rolle des Schwarzen Schafs in Arthur Millers *Tod eines Handlungsreisenden* abonniert. Das Stück mag uns glauben machen, er sei der Einzige in der Familie der Lomans, der den Verlockungen des Erfolgs widersteht, die seinen Vater und seinen Bruder auf dem Gewissen haben. Willy Loman ist der typische Vater, der zu viel arbeitet, sich zu viele Sorgen macht und in der Aufopferung für seine Kinder zu früh ins Grab sinkt in der Hoffnung, dass es ihnen später einmal besser gehen wird (wobei er natürlich genau das Vorbild abgibt, das seine Kinder dazu verleitet, zu viel zu arbeiten, sich zu viele Sorgen zu machen und zu früh zu sterben). Als abschreckendes Beispiel für den Amerikanischen Albtraum, den uns republikanische Politiker und die anderen Vortänzer des Konsumwahns als Amerikanischen Traum verkaufen wollen, ist der *Tod eines Handlungsreisenden* nach wie vor eine zutreffende Beschreibung. Die einzige Schwäche darin ist die Epiphanie von Biff am Ende des zweiten Akts.

Plötzlich blieb ich mitten in diesem Gebäude stehen und ich sah – den Himmel. Ich sah die Dinge, die ich auf der Welt liebte. Die Arbeit und das Essen und die Zeit, dazusitzen und zu rauchen … und ich sagte mir … Warum versuche ich etwas zu werden, was ich nicht sein will? Was mache ich hier in diesem Büro, wo ich mich doch nur zum wütend unterwürfigen Idioten mache?

Hüten Sie sich vor der Werbung für Universalküchengeräte im Fernsehen und vor literarischen Charakteren, die einen auf epiphanischen Durchbruch machen. Willy hat seinen Kindern nicht nur seine DNA mitgegeben, sondern auch das Phantasma von sorgenfreiem Reichtum und Anerkennung. Plötzliche Eingebungen halten nie ein Leben lang und man kann sich nicht vorstellen, dass Biff jemals gänzlich aus Willys unrealistischem Traum erwacht. Wir sollten unseren Eltern dankbar sein für die Tugenden, die sie uns mit auf den Weg geben – einen Sinn für Humor, die Liebe zu Tieren, die Fähigkeit, eine Aufgabe zu erledigen, egal unter welchen Bedingungen –, aber wir müssen auch die Laster akzeptieren, die wir von ihnen übernehmen. (»Sie machen dich platt / Mama und Papa«, schrieb Philip Larkin. »Sie meinen es gut / aber sie tun's. / Sie füllen dich mit ihren Fehlern / und legen noch eine Extraportion drauf.«) Wenn man das – zögerlich, aber doch irgendwann – akzeptiert, dann handelt es sich um einen Teil dessen, was man Liebe nennt.

Bedeutender aber als die Anlage zu einem starken Immunsystem oder die Neigung zu einer Glatze in jungen Jahren ist die bedingungslose Liebe, die wir vom ersten Schrei an, den wir in dieser Welt ausstoßen, erhalten. Auf der einen Seite ist das alles ziemlich einfach und elementar – instinktiv –, man könnte es für etwas halten, das ohne Absicht einfach geschieht. Selbst nachdem man in seiner Tiefkühltruhe die eingepackten Leichenteile gefunden hatte, liebte seine Mutter ihren Sohn, den Serienmörder Jeffrey Dahmer noch und meinte, er habe wohl ein Problem, seine Wut zu kontrollieren, daran müsse er arbeiten, aber tief im Inneren sei er ein guter Junge – er habe sich halt nur mit den falschen Leuten eingelassen und sein Vater trinke zu viel und die anderen Kinder hätten sich über ihn lustig gemacht, weil er im Sportunterricht nicht sehr gut war ... Eltern können nicht anders, als ihre Kinder zu lieben. Aber sind Handlungen, zu denen es keine Alternative gibt, nicht weniger wert als solche, für die man sich entscheidet? Wenn man Gutes tun will, muss man sich dann nicht dafür entscheiden, es zu tun?

Vielleicht ist die ganze Debatte über Willensfreiheit auch ein wenig überbewertet. Vielleicht ist Liebe – echte, absolute, bedingungslose Liebe – etwas Heiliges, sodass es nicht darauf ankommt, wo sie herrührt und wie man sie gewinnt. Ich war noch nicht ein Jahr alt, als ich Grippe hatte und auf die Isolierstation des Chatham

General Hospital verlegt wurde. Ärzte und Schwestern warnten meine Mutter, dass sie zwar Verständnis für ihren Wunsch hätten, mich zu sehen, dass es aber wichtig sei, dass ich sie nicht sähe, da Kleinkinder in Quarantäne schlichtweg nicht mehr zu trösten seien, wenn sie ihre Mutter gesehen hätten, und damit würde sich auch der Heilungsprozess verzögern. Das Personal der Klinik versicherte meiner Mutter, dass es mir gut ginge und dass ich bald nach Hause dürfte und dass man sie sofort benachrichtigen würde, sollte etwas Unvorhergesehenes eintreten (was sehr unwahrscheinlich sei). Drei Mal täglich kam meine Mutter zu Fuß von unserer Wohnung zum Krankenhaus, um mich hinter einer Glasscheibe zu beobachten. Üblicherweise stand ich in meinem Kinderbett, hielt mich an dem Geländer fest und bewegte mich in meinem allmählich nachlassenden Fieberwahn hin und her. Sie konnte einfach nicht zu Hause bleiben (und sie schaffte es, dass ich sie die ganze Zeit über kein einziges Mal sah). Ich bin jetzt sechsundvierzig Jahre alt und meine Mutter schimpft noch heute am Telefon, wenn ich mich nicht rechtzeitige gegen Grippe impfen lasse, und meint, wenn ich sie daheim besuche, ich sähe ziemlich abgemagert aus, auch wenn ich selbst der Meinung bin, ein paar Pfund weniger könnten mir nichts schaden.

    Das letzte elterliche Erbe ist natürlich der Tod. Andrew Hudgins' Gedicht *Haircut* erfasst, wie jedes gute Gedicht, den Fluss der Existenz in einer fein ziselierten

Beschreibung eines konkreten Augenblicks. Der Erzähler beginnt mit einer Erinnerung an seinen ungeduldigen, ewig schimpfenden Vater, der ihm als Junge einen Haarschnitt verpasste. Ein halbes Jahrhundert später sind die Rollen jetzt vertauscht:

> Aber jetzt ist die Reihe an ihm und er sitzt
> unruhig, die Hände im Schoß gefaltet,
> während ich mit der winzigen Schere schneide,
> die grauen Haare, die ihm aus der Nase sprießen
> und aus beiden Ohren und mein Gott, mit sechzig
> fangen die Todeshaare richtig an zu wachsen.
> Die Schere sticht seine Haut
> und er versucht nicht zu zucken. »Halt still!«,
> sag ich schnarrend und bin erschrocken.
> Ich sag es noch einmal: »Halt still.«

Wie Tolstois Romanfigur Ivan Illich feststellt, ist es leichter, einen Syllogismus zu verstehen, der nachweist, dass, da alle Menschen sterblich sind und Sokrates ein Mensch ist, auch er sterben müsse, als die völlig unterschiedliche Logik nachzuvollziehen, die der eigenen Sterblichkeit zugrunde liegt. Tod ist nie etwas, das man nur als Abstraktion verstehen kann. Der eigene Vater, der früher so stark war, zittert jetzt, die Hände voller Altersflecken, die Haare sind ihm ausgefallen und wachsen jetzt aus Ohren und Nase; und man kümmert sich jetzt um ihn und die hutzelige Mutter ebenso wie sich beide früher um einen selbst gekümmert haben – das ist die eigentliche Erkenntnistheorie des Todes. Die deines Vaters und deiner Mutter und aller Väter und Mütter und – wundersamerweise – auch die des eigenen Todes.

Aber wie Emily Dickinson schrieb: »Die Seele sucht sich ihre eigene Gesellschaft.« Soll heißen, wir alle suchen uns unsere zweite, selbst gegründete Familie aus, mit der wir die meiste Zeit unseres Lebens verbringen. Passend zu den drei Stadien des Lebens gibt es drei Formen der nicht-familiären Liebe. Nicht dass ein jeder das Glück hat, alle drei in vollem Umfang selbst zu erfahren – ich habe einen Freund, der glaubt, er könne nur lieben, wenn alles neu ist und er um die Liebe kämpfen muss. »Man braucht Geduld, um das heimische Glück zu schätzen«, wusste Santayana. »Unstete Geister ziehen das Unglück vor.« Der süße Schmerz einer wachsenden Liebe kann süchtig machen, wie es in einem anonymen japanischen Gedicht aus dem 7. Jahrhundert beschrieben wird:

> Manchmal frage ich mich,
> ob die Menschen in alten Zeiten,
> so wie ich heute Nacht,
> nicht einschlafen konnten,
> weil sie sich nach Liebe sehnten.

So berauschend (und ästhetisch produktiv – verdanken wir doch einen Großteil der Poesie und Musik diesem Gefühl) die romantische Liebe auch immer sein mag, sie neigt dazu abzukühlen, wenn unser körperliches Verlangen nachlässt und wir anfangen unter den praktischen Belastungen zu leiden, die sie mit sich bringt. Und je älter wir werden, umso mehr richtet sich unsere Aufmerksamkeit wieder nach außen. Wie Flaubert bemerkte: »Die Stürme, die wir in der Jugend so genießen, werden mühsam wenn wir reifen ... Es ist wie beim Reiten. Es gab eine Zeit, da ritt ich am liebsten im Galopp: heute lasse ich mein Pferd gemächlich mit lockeren Zügeln dahintraben.« An anderer Stelle schrieb er an denselben Adressaten: »Man sollte seine Existenz zweiteilen: leben wie ein Bürger und denken wie ein Halbgott.« Es ist schwer einen Roman über die Erregung der Liebe zu schreiben, wenn man gerade in einer erregenden Liebesaffäre verstrickt ist.

Ohne die überwältigende Kraft der fleischlichen Liebe mindern zu wollen – »Die sexuelle Vereinigung ist nur der Musik oder dem Gebet vergleichbar«, stellte Marc Aurel fest – ist die sexuelle Begierde nur ein schwacher Abklatsch verglichen mit der vollen Empfindung wahrer Liebe. »Liebe gibt Trost wie Sonne nach dem Regen«, schrieb Shakespeare. »Wollust, nach Sonnenschein ist Sturm und Graus / Der Liebe Lenz strahlt stets uns neu entgegen / Der Wollust Frost kommt eh' der Sommer aus. / Liebe hält Maß, Lust stirbt in tollen Zügen, / Liebe ist treu, und Wollust voller Lügen.«

Wie wichtig diese oder jene Liebschaft war, hängt nicht davon ab wie gut er oder sie küssen konnte, sondern inwieweit man durch die Beziehung mehr zu sich selbst gekommen ist. Inwieweit man dadurch mehr zu dem geworden ist, der man selbst sein möchte. »Ich bin durch Dich so ich«, schrieb e. e. cummings und fasste damit in perfekter Kürze das Ideal der Symbiose, das zwischen zwei sich gegenseitig stützenden Liebenden herrscht. Dabei geht es nicht nur um Respekt und Anerkennung des anderen als einzigartige Person (was oft genug schon sehr schwer ist), sondern um die Unterstützung, die man dem anderen angedeihen lässt, damit er die Person werden kann, die er gerne werden möchte. Die Basis dieses gegenseitigen Akzeptierens und der Anerkennung des anderen entspricht dem, was Martin Buber mit seiner Unterscheidung zwischen dem Ich-Es und dem Ich-Du erfasste und was Simone Weil meinte, als sie schrieb: »Der Glaube an die Existenz anderer Menschen an sich ist Liebe.« Es ist verlockend – und im Angesicht unserer vermutlich unveränderlichen egoistischen Grundhaltung vielleicht auch unvermeidlich –, dass wir andere Menschen als Mittel zum Zweck begreifen: besonders zu unserem eigenen Zweck. Aber wenn sich jemand dafür bedankt, dass man ihm geholfen hat, ein glücklicheres Leben zu führen – was immer er unter glücklich verstehen mag –, dann ist dies das größte Kompliment, das man in einer Beziehung bekommen kann.

Ohne meine Frau wäre ich nicht zum Schriftsteller geworden. (»Warum schreibst du nicht?«, meinte sie, als ich von meinem Philosophiestudium befreit in existenzieller Leere dastand. »Du liest die ganze Zeit und machst dir andauernd Notizen.« Ich selbst hätte dazu weder den Weitblick noch den Mut aufgebracht.) Ich wollte in den Vereinigten Staaten leben und Geld verdienen, um weiter zu studieren, und litt unter meinem ersten Roman und sie begleitete mich (nicht ohne mich vorher darauf zu verpflichten, dass wir auch einige ihrer Träume verwirklichen würden, wenn wir erst mal im Süden waren: einen Hund kaufen, einen Garten besitzen und ein Haus mieten, das groß genug war, um für sie wieder ein Studio einrichten zu können, in dem sie malen konnte). Ich wollte mir immer Koteletten wachsen lassen, aber dachte nie, dass ich das wirklich durchziehen würde. (»Sei nicht blöd«, sagte sie. »Und wenn du sie dir wachsen lässt, dann richtig, sei kein Feigling.«) Durch sie bin ich so sehr ich.

Und wenn man dann mal in Wichita, Kansas, und San Marco, Texas, gelebt hat und Romane geschrieben und Bilder gemalt wurden und eine neue Haartracht nicht mehr das aufregende Ereignis ist, das es für einen Vierundzwanzigjährigen war, dann stellt man fest, dass das Beste, was einem passieren kann, wenn man sich liebt, die Möglichkeit ist, gemeinsam allein zu sein. Nicht der Sex, nicht die Pläne für eine große Zukunft, oder die Freude darüber, dass man etwas erreicht hat, sondern schlicht zusammen sein und nichts tun – das ist das Schwierigste überhaupt. Hierzu noch ein anonymes Gedicht über ein selbstvergessenes Liebespaar, das die Welt um sich herum (zumindest vorübergehend) vergessen hat:

> Da wir alleine sind
> Nur du und ich, mein Gatte,
> Was macht es schon aus,
> Dass der Mond nicht erscheint,
> Weil die Berge um uns herum so hoch sind?

Man sollte sich nichts vormachen: selbst wenn alle beruflichen Ziele erreicht sind, die Früchte im Garten und das Privatleben in voller Blüte stehen und man ein eigenes Haus besitzt und dazu noch ein Sommerhaus (beide ohne Hypothekenbelastung) und die Leute, die am Haus vorbeigehen, hin und wieder die Schönheit des Hundes loben, so wird doch mindestens einmal am Tag irgendwer oder irgendetwas einen dazu nötigen, laut in den verzweifelten Schrei von Thomas Skelton, dem Helden in Thomas McGuanes *Ninety-Two in the Shade* einzufallen: »Idioten fallen in Heerscharen über mich her.« Wenn man dann in der Lage ist (und hier möge ein jeder das ihm passende Klischee wählen), die Wagenburg zu bauen, auf die Barrikaden zu gehen oder Türen und Fenster zu schließen und sich mit den Liebsten gegen die endlosen Missgeschicke des Lebens in Sicherheit zu bringen, so ist das ein Segen. Matthew Arnold bringt dies in seinem Gedicht *Dover Beach* auf den Punkt:

> Drum lass, mein Lieb, uns beide treu
> zusammenstehn – denn dieser Weltenraum,
>   der aufzutun sich scheint
> wie Land im Traum,
> so vielgestalt, so schön, so neu,
> hat wirklich weder Freud, noch Lieb, noch
>   Lichterpracht,
> noch Sicherheit, noch Ruh, noch Schmerzenslast;
> und wir stehn hier wie auf dem dunklen Pass,
> wo, voll verwirrten Rufs von Flucht und Schlacht,
> sich Heere blind bekriegen in der Nacht.

In der dunklen Vergangenheit, als es noch die geschlechtsspezifische Folklore gab, hieß es, ein Mann brauche eine Geliebte, wenn er jung ist, eine Gefährtin wenn er in den besten Mannesjahren steht, und eine Pflegerin, wenn er alt wird. Was ein Mann oder eine Frau wirklich brauchen, ist jemand, der alles drei auf einmal ist und zwar von den spritzig perlenden Anfangszeiten bis zum unvermeidlich traurigen Ende. Vielleicht verlangen wir zu viel von unseren Partnern – sie sollen unsere Vertrauten sein, unsere einzigen Liebhaber, unsere härtesten Kritiker – und das macht es wahrscheinlich so schwer, auf Dauer eine romantische Beziehung am Leben zu erhalten. Aber selbst die Annäherung an das Ideal ist besser als die Alternative der Einsamkeit. Und glücklich sind die, ob Mann oder Frau, die mit den Worten eines lange vergessenen Dichters jenes unvergessliche japanische Gedicht zitieren können:

> Wenn aus deinem Mund
> Eine hundertjährige Zunge hinge,
> Und du würdest nur mehr plappern,
> Ich würde mich immer noch um dich kümmern
> Und meine Liebe zu dir würde wachsen.

RAUSCH

Bekiffte Gesichter lügen nicht.
DOUG SAHM

Preisen wir als Nächstes Alkohol und Drogen. Das weiche Schmeicheln des Alkohols; die Herz und Seele erfassende Magie der Drogen. Schließlich gilt nach wie vor Lord Byrons weise Einsicht: »Der Mensch in all seiner Vernunft, muss sich betrinken;/was bietet das Leben Besseres als den Rausch?«

Zunächst aber ein paar Worte von der Gegenseite. Ein Argument besagt, dass der absichtlich herbeigeführte Rausch den Menschen in die körperliche und geistige Barbarei führt (»Trunkenheit ist nichts anderes als ein Zustand selbst verschuldeter Geisteskrankheit«, so Senecas warnende Worte). Man behauptet, Rausch sei reine Flucht (»Trunkenheit«, schrieb Bertrand Russell, »ist vorübergehender Selbstmord: das damit verbundene Glücksgefühl ist negativ, ein vorübergehend unterdrücktes Unglück.«). Man findet allenthalben die Meinung, die unter Drogen und Alkohol empfundene Erleuchtung und Eloquenz sei nichts anderes als dümmliches Gelaber (»Einer der Nachteile von Wein ist, dass er uns dazu verführt, Worte für Gedanken zu halten«, maulte Dr. Johnson [Samuel Johnson, Anm. d. Ü.]). Es gibt unzählige Geschichten über die Abhängigkeit, die uns lähmt (»Ein Jahr lang hatte ich weder ein Bad genommen, noch meine Kleidung gewechselt, ich hatte mich nicht ausgezogen, außer um mir die Nadel in mein verhärtetes graues Fleisch zu stechen«, wie William Borroughs in seinen Erinnerungen schreibt. »Ich habe absolut nichts getan.«). Es gibt die These, dass Alkohol und Drogen der sichere Weg in die Selbstzerstörung sind (»Dope hat noch aus niemandem einen besseren Sänger oder ihn zum besseren Musiker gemacht, nichts macht man mit Drogen besser«, schrieb Billie Holiday. »Das Einzige, was Dope dir antut, es tötet dich auf langsame, schmerzhafte Weise.«).

All dem kann ich nur zustimmen mit einem lauten Ja, aber …

Aber das ungewöhnlich bescheuerte Verhalten, das im Zusammenhang mit den künstlichen Stimulanzien auftritt, stammt nicht aus der Flasche oder aus dem Joint, es entspringt der Person, die trinkt oder kifft. »Wein«, bemerkte Dr. Johnson, »gibt dem Menschen nichts … er setzt nur das frei, was bisher in ihm eingefroren war.« So gesehen liefert der Zustand des Rausches eine Art geistiger Röntgenaufnahme. »Wenn man die Wahrheit wissen will«, schrieb Graham Greene, »ist Champagner wirksamer als jeder Lügendetektor. Er verleitet die Menschen zur Entäußerung, macht sie rücksichtslos, wohingegen Lügendetektoren die Menschen nur motivieren, erfolgreich zu lügen.« Oder anders gesagt, man selbst ist es – und nicht die elf Bier – der auf dem Barhocker steht und laut hinausposaunt, dass keiner einen liebt und alle anderen außer einem selbst seelenlose Roboter sind. Die Biere sind bestenfalls das Megafon, damit auch alle die Nachricht hören können. Abgesehen davon, was ist schon ein bisschen Gegröle und Radau, wenn man bedenkt, wie viele Unsicherheiten und Hemmungen darunter verschwinden? Wie viele Liebesgeschichten, Freundschaften oder Entscheidungen, die das weitere Leben veränderten – ganz zu schweigen von all den ungeplanten, aber dann doch geliebten Kindern –, wären nicht zustande gekommen, gäbe es nicht, um es in den Worten von Luis Bunuel zu formulieren, »Tabak und Alkohol, die köstlichen Väter haltbarer Freundschaften und fruchtbarer Träume«?

Und was ist Schlimmes daran, ab und an über die Stränge zu schlagen? Warum nicht hin und wieder sich einer Illusion hingeben (besonders wenn der triste Alltag – als Sozialarbeiter, Hauptschullehrer, Polizist oder Anwalt einer Umweltschutzbewegung – einen an den

Rand des Wahnsinns zu treiben drohen)? »Was ist schon Trinken?«, fragt Byron in *The Deformed Transformed*. »Eine Pause beim Denken!« Eine erfrischende Pause, auf die man sich freut. Und wer sagt, dass die Realität so prickelnd ist, dass man die ganze Zeit nüchtern bleiben möchte, um nur nichts zu versäumen? Thomas Moore jedenfalls sieht das nicht so:

> Kränze den Kelch
> Mit den Blumen der Seele
> Die besten Ideen werden uns finden
> Wir heben ab
> Des Nächtens in den Himmel
> Und lassen die schale Erde hinter uns.

Ebenso Jean Cocteau, der in seinem Buch *Opium: Tagebuch eines Süchtigen* schrieb: »Alles was wir in unserem Leben tun, findet in einem Schnellzug statt, der mit rasender Geschwindigkeit dem Tod entgegeneilt. Der Genuss von Opium lässt uns aus diesem Zug aussteigen, während er weiterfährt. Man beschäftigt sich mit Fragen jenseits von Leben und Tod.« Trotz des einen oder anderen Entzugs stand er immer zu seiner Lieblingsdroge. »Man erwarte in mir keinen Verräter. Immer wird Opium einzigartig bleiben, da das Wohlbefinden, das es uns gibt, besser ist als jede Gesundheit. Ich verdanke ihm die perfektesten Stunden meines Lebens.«

»Ich trinke nur, damit meine Freunde mir interessant erscheinen«, sagte Don Marquis. Freunde, Partygäste, Verwandte, Schwiegereltern. Aber nicht nur soziale Beziehungen bedürfen gelegentlich chemischer Aufheiterung. »Die Herrschaft des Alkohols über die Menschheit«, so William James in *Die Vielfalt religiöser Erfahrung*, »ist zweifelsohne seiner Fähigkeit geschuldet, die mystischen Teile der menschlichen Natur hervorzubringen, die sonst in den Stunden der Nüchternheit unter der kalten Decke der Tatsachenwelt begraben sind.« William Blake konnte auch ohne chemische Unterstützung in einem Sandkorn die ganze Welt erblicken, aber wer von uns ist schon William Blake, und daher greifen wir zu großen Gläsern mit Rotwein oder kleinen weißen Pillen, um etwas nachzuhelfen.

Rauschmittel halten beides bereit, völlige Verwirrung und die Chance auf Erkenntnis. Zu viel Alkohol kann Fußball-Hooligans anfeuern und zu langen Diskussionen über die eigene Familiengeschichte führen, aber er kann uns auch einen kurzen Blick auf die letzten Wahrheiten eröffnen. Oder wie A.E. Housman schrieb: »Auf dem Weg zu Gott / ist Dichtung lahm und Whisky flott.« Man denkt sofort an die tiefer gehenden Freuden des Rausches: das Gefühl eins mit dem Universum zu sein; die Empfindung, dass alles irgendwie mit allem verbunden ist; unbeschreibliche, aber nichtsdestotrotz greifbare Vermutungen über die Schönheit und das Mysterium der Existenz.

Huston Smith, seinerzeit Philosophieprofessor am MIT, beschrieb 1964 in einem Artikel mit dem Titel »Haben Drogen eine religiöse Bedeutung?« zwei Interpretationen der »religiösen« Erfahrung, eine unter Drogeneinfluss, die andere im nüchternen Zustand.

> Plötzlich falle ich in ein riesiges, neues, unbeschreiblich wunderbares Universum. Obwohl ich diese Zeilen ein Jahr später schreibe, ist die Aufregung und das Staunen, sind die unglaubliche Erleuchtung, die über mich hereinbrechende überwältigende Welle der Dankbarkeit und gesegneten Verwunderung so präsent und in der Erinnerung lebendig, als wären erst fünf Minuten vergangen. Aber wenn man versuchte, diese Erfahrung einer endgültigen Realität in Worte zu fassen ... so erweist sich das als unmöglich.

Und dann:

> Auf einmal, ohne jegliche Vorwarnung, befand ich mich in einer flammenden Wolke. Für einen kurzen Moment dachte ich an Feuer ... aber dann merkte ich, dass das Feuer in mir selbst war. Unmittelbar darauf überkam mich ein Gefühl des Jubels, einer riesigen Freude, gepaart mit einer unbeschreiblichen intellektuellen Erleuchtung. Unter anderem ... sah ich, dass das Universum nicht aus toter Materie besteht, sondern im Gegenteil eine lebendige Gegenwart besitzt; mir wurde das ewige Leben in mir selbst bewusst.

Huston klärt den Leser erst in einer Fußnote am Ende seines Artikels darüber auf, welche Beschreibung wozu gehört (die erste schildert die drogeninduzierte Erfahrung). Der interessante Punkt ist, dass die psychedelische Erfahrung sich nur wenig von der rein »religiösen« Erfahrung unterscheidet. Auch wenn der chemisch unterstützte Zustand des Außergewöhnlichen nicht als Hinweis auf irgendeine ultimative Einsicht gedeutet werden kann – es ist lediglich die Kombination chemischer Prozesse im Inneren (dem Gehirn) mit von außen zugeführten Substanzen – lohnt es sich nicht, dieser Chimäre nachzujagen? Trifft nicht das Gefühl kosmischer Konsequenz, das sich hier einstellt, genau jene Empfindung, die Claudius Ptolemäus aus Alexandria, ein griechischer Philosoph des 1. Jahrhunderts ansprach, als er schrieb:

> Ich weiß und gestehe, dass ich sterblich bin
> Aber wenn ich auf die tausend kreisenden Sterne blicke
> Wandle ich nicht mehr auf Erden
> Sondern steige auf zu den Göttern
> Labe mich mit den Unsterblichen an ihrem Ambrosia.

Man kann all das akzeptieren und dennoch erkennen, dass Drogen und Alkohol beeinträchtigen, verwirren und töten können. Das Abgleiten vom Status des gelegentlichen Genießers einer befreienden, chemisch induzierten Erleuchtung zum hohlwangigen Wrack mit toten Augen kann manchmal erschreckend schnell vonstattengehen und es ist immer schmerzhaft, wenn man Zeuge eines solchen Verfalls wird. So mancher brillante Musiker, der mit Drogen dilettierte, entwickelte sich zu einem Drogenabhängigen, der mit Musik dilettiert (Sly Stone und sein künstlerischer Absturz fällt einem da sofort ein). Auch wenn das Risiko, zu Tode zu kommen, hier nicht höher sein mag als beim Fallschirmspringen oder Wildwasserkanufahren oder bei triebgesteuerter sexueller Promiskuität, die Gefahr ist da und real.

Im Umfeld der *Grateful Dead*, der Gruppe, die wohl am stärksten mit psychedelischen Drogen experimentierte, hieß es: »Jeder kann mit Drogen umgehen und zwar so lange, bis er es nicht mehr kann.« Jerry Garcias Spitzname war nicht umsonst »Captain Trips« und wie immer man es betrachtet, gewann die Musik, die er komponierte und auf die Bühne brachte, durch seinen unglaublichen, aber sehr pfiffigen Umgang mit Drogen (niemand übt auf seinem Instrument fünf Stunden lang, ohne Drogen zu nehmen; und niemand gibt gute vierstündige Konzerte oder bleibt 22 Stunden im Aufnahmestudio ohne Drogen). Ich habe das Album *American Beauty* von *Grateful Dead* aufgelegt, bevor ich mich heute an den Computer gesetzt habe, und ich bin froh, dass Jerry Garcia ziemlich high war, als er mit seiner Band diesen Song schrieb und aufnahm. Ich glaube auch, er war dabei guter Dinge; nicht nur weil er gerne zu Drogen griff (»Für mich sind Drogen das Sanfteste, Angenehmste, was einem widerfahren kann«), sondern weil diese wunderbare, von Drogen inspirierte Musik noch heute, fünfzehn Jahre nachdem sein aufgedunsener, kaputter Körper ihn verließ, lebendig wirkt.

Aber Vorsicht. Nachdem er Mitte der Siebzigerjahre auf Heroin umstieg, begann nicht nur sein physischer, sondern auch sein musikalischer Verfall. Körperlich war er – von kurzen Phasen der Entgiftung abgesehen – ein Wrack: schrecklich übergewichtig (er musste sich in regelmäßigen Abständen neue Schuhe kaufen, weil seine Knöchel und Füße anschwollen), zuckerkrank, mit der Neigung, wegzudösen und sich selbst mit einer brennenden Zigarette anzuzünden (wobei er mehrere Hotelzimmer abfackelte), geschmacklos, oft verdreckt, lethargisch. All das hätte man vielleicht noch rechtfertigen können, wäre seine Musik nach wie vor herausragend gewesen. Aber sieht man von ein paar wenigen Songs ab, waren wirklich nur mehr die härtesten Fans von seiner Musik überzeugt. Sein Gitarrenspiel bei Konzerten war oft langweilig und klang leer (und wie die meisten Junkies, die sich von allem außer von ihren Drogen isolieren, hörte er kaum mehr auf das, was die anderen Bandmitglieder auf der Bühne spielten, was den legendären Improvisationen der *Grateful Dead* den Garaus machte). Selbst wenn er bis oben hin voll mit Heroin war, wirkte er auf alte Freunde untypisch abwesend, griesgrämig bis unwirsch.

All das ist nicht wirklich verwunderlich, wenn ein Mensch Drogen oder Alkohol in erster Linie als Schmerzmittel oder Anästhetikum verwendet. Das war, laut Garcia, das eigentlich Attraktive am Heroin für ihn, der Grund, sich von den weniger gefährlichen, eher stimulierenden Drogen wie Marihuana abzuwenden. Das erinnert an Millionen erfolgreicher Geschäftsleute, die erst mal drei doppelte Scotch brauchen, bevor sie mit ihren Ehefrauen ein Wort wechseln können, und die teure Autos, Ferienhäuser oder Geliebte sammeln, nur um sich abzulenken und nicht unter dem Druck der entfremdeten Arbeit und der damit einhergehenden dröhnenden Banalität zusammenzubrechen. Ob man sich mit Heroin betäubt, oder durch Konsumwahn oder irgendwelche Affären, macht keinen großen Unterschied, weder von der Wirkungsweise noch von den Folgen. Letztlich trifft in allen Fällen das alte schottische Sprichwort zu: »Der Mensch nimmt einen Drink. Der Drink nimmt einen Drink. Der Drink nimmt den Menschen.«

Sein Wissen um die Arbeitsüberlastung und die mangelnde spirituelle Befriedigung machen Garcias Abhängigkeit, den Verfall und letztlich seinen Tod umso trauriger. Denn er wusste um diese Situation (»Wir sind ziemlich lange unbeweglich geblieben«, sagte er irgendwann in den frühen Achtzigerjahren. »Wir haben erhebliche Kosten und jede Menge Leute, für die wir verantwortlich sind, die für uns arbeiten, und daher zögern wir, da etwas zu ändern. Wir wollen den Menschen nicht ihre Arbeit wegnehmen. Aber wir sind die, die draußen auf der Bühne stehen.«). Im Gegensatz zu den üblichen amerikanischen »Erfolgreichen«, die sich in Überstunden stürzen und die Frustration ihrer Existenz betäuben, um das Ganze sinnvoll erscheinen zu lassen, hatte Garcia in frühen Jahren die richtigen Bücher gelesen (die Autoren der Beat-Generation, die eine antimaterialistische, individualistische Botschaft transportierten) und er hatte zunächst auch sein Leben richtig eingerichtet (in typischer Hippiemanier tat er, was ihm Spaß machte – zum Beispiel Musik machen – einfach, weil es sich gut anfühlte, und nicht, weil es ein Job war, den er tun musste). Garcia wusste, dass »jeder mit Drogen umgehen kann, so lange, bis er es nicht mehr kann«. Aber was er nicht wusste – oder besser gesagt, womit er nicht umgehen konnte – war, dass »jeder mit Erfolg umgehen kann, so lange, bis er es nicht mehr kann«. Die Drogen waren nicht der eigentliche Grund für seinen Tod durch Herzinfarkt mit 53 Jahren während einer Entziehungskur. Er starb, weil er nicht mehr wusste, was es heißt, ein gutes Leben zu führen.

Ein gutes Leben zu führen, das Rauschmittel einschließt nebst all den guten Dingen, die sie uns bringen können, heißt, in den Worten von Winston Churchill: »Ich habe mehr vom Alkohol gehabt als er von mir.« Falstaff, Shakespeares nüchternster Trinker, ist fett, faul und untreu. Aber er ist auch einer, der versteht, wie man überlebt, und der sich mit Alkohol auskennt und der es drauf anlegt, jeden Tropfen zu genießen und das Beste aus ihm (und dem Leben) zu machen.

> Ein guter spanischer Sekt hat eine zwiefache Wirkung an sich. Er steigt Euch in das Gehirn, zerteilt da all die albernen und rohen Dünste, die es umgeben, macht es sinnig, schnell und erfinderisch, voll von behänden, feurigen und ergötzlichen Bildern; wenn diese dann der Stimme, der Zunge überliefert werden, was ihre Geburt ist, so wird vortrefflicher Witz daraus. Die zweite Eigenschaft unseres vortrefflichen Sekts ist die Erwärmung des Bluts, welches, zuvor kalt und ohne Bewegung, die Leber weiß und bleich lässt, was das Kennzeichen der Kleinmütigkeit und Feigheit ist: aber der Sekt erwärmt es, und bringt es von den inneren bis zu den äußersten Teilen in Umlauf. Er erleuchtet das Antlitz, welches wie ein Wachfeuer das ganze kleine Königreich, Mensch genannt, zu den Waffen ruft; und dann stellen sich alle die Insassen des Leibes und die kleinen Lebensgeister aus den Provinzen ihrem Hauptmann, dem Herzen, welches, durch dies Gefolge groß und aufgeschwellt, jegliche Tat des Mutes verrichtet. Und diese Tapferkeit kommt vom Sekt ...

Noch dazu ist Falstaff ein ansprechender Charakter, da er aufrichtig ist – aufrichtig bezüglich seiner Feigheit, seiner Unterwürfigkeit, seiner Ausschweifungen

(»Ja mein Herr, ehrlich zu sein in dieser Welt«, lässt Shakespeare seinen Hamlet sagen, »einen solchen Mann findet Ihr unter zehntausenden einen«). Aber selbst diejenigen, denen es gelingt, die Betrüger dieser Welt zu betrügen, indem sie klug wirken, ohne es zu sein, aufrichtig, wenn sie nur pathetisch sind, gutmütig, wenn sie nur freundlich sind, können sich nicht über ihr eigenes Glück täuschen. »Niemand ist scheinheilig, wenn es um sein eigenes Vergnügen geht«, stellte Dr. Johnson zutreffend fest.

Cyril Connolly, der britische Literaturkritiker, dessen Arbeiten aus dem letzten Jahrhundert für mich gleich nach denen von Edmund Wilson kommen, was ihre Schärfe und Eleganz anbelangt, und von dem die berühmte Bemerkung stammt, dass »die wahre Aufgabe eines Autors darin besteht, ein Meisterwerk zu schaffen, alles andere bleibt ohne Konsequenz«, sagte auch: »Oh was für eine Freude ist es, mit Männern in rosa Anzügen schmutzige Geschichten zu erzählen, während es draußen schneit!«

Also mit dem würde ich gerne einen trinken. Oder zwei. Oder drei.

KUNST

Ohne Musik wäre das Leben ein Fehler.
FRIEDRICH NIETZSCHE

Beginnen wir mit dem, was Kunst nicht ist.

Kunst ist nicht Unterhaltung – wiewohl sie uns durchaus unterhalten sollte.

Kunst enthält keine zwingende Verpflichtung – obwohl sowohl Produzenten wie Rezipienten implizit eine gewisse Verantwortung tragen.

Und vor allen Dingen ist Kunst nicht gleich Kultur – auch wenn es ohne sie so etwas wie Zivilisation nicht geben könnte.

»Kultur«, so Simone Weil, »wurde von Professoren erfunden, um weitere Professoren hervorzubringen, die ihrerseits neue Professoren heranzüchten.« Sie dient zudem als Mittel, dessen sich Politiker und Bürokraten bedienen, um mittelmäßige Wertvorstellungen zu propagieren (soziale Gleichheit, Toleranz, moralische Konformität), die zwar notwendig sind, wenn man eine egalitäre Gesellschaft am Laufen halten will, aber der eigentlichen künstlerischen Leistung diametral entgegenstehen. »In jeder großen Kunst«, stellte Wittgenstein fest, »haust ein wildes Tier – gezähmt.« Die primäre Funktion der Kultur ist die Zähmung, die Förderung von Unterwürfigkeit, sei es in der Form der unvermeidlichen Kulturpreise, die für künstlerische und moralische Banalitäten vergeben werden (etwa Bücher oder Filme, die uns daran erinnern sollen, dass man keine Vorurteile haben soll, der Krieg böse ist und Umweltschäden zu vermeiden sind), sei es in der Form einer Popularisierung, die auf den Applaus der breiten Masse zielt, die dann (möglichst viele) Produkte aus mittelmäßiger künstlerischer Produktion erwirbt, die dann – welch Wunder! – die herrschenden Werte und Ästhetik widerspiegeln. »Das Bessere ist der Feind des Guten«, schrieb Voltaire. Und wer da behauptet, das klinge elitär, ja, das tut es. Arroganz, die auf Leistung basiert, sollte man unterstützen, ebenso wie man Betrug, der auf Nachahmung basiert, ablehnen sollte.

Selbst wenn es möglich wäre, eine wasserdichte kritische Theorie zu formulieren, die festlegt, was ein gutes Kunstwerk von einem schlechten (oder schlimmer noch: mittelmäßigen) unterscheidet, es ist hier nicht der Ort, dies zu tun. Belassen wir es bei dem Hinweis, dass sich eine ästhetische Empfindung am besten an der körperlichen Reaktion ablesen lässt, die sie hervorruft. »Wollte man eine Definition von Poesie«, meinte Dylan Thomas, »so sage man: ›Poesie ist all das, was mich zum Lachen und Weinen oder Gähnen bringt, was ein Kribbeln in meinen Zehen hervorruft, was in mir den Wunsch entstehen lässt, dies oder das zu tun oder es zu lassen‹ und dabei sollte man es belassen.« Auch Nabokov bezog sich auf die physische Reaktion als den sichersten Indikator, ob ein Kunstwerk erfolgreich ist oder nicht, als er schrieb, dass »der weise Leser liest ... nicht in erster Linie mit dem Herzen oder dem Hirn, sondern eher mit dem Rückenmark. Hier spürt man das Kribbeln, das Kunst ausmacht.«

Mein erstes Kribbeln empfand ich, als meine Eltern im Supermarkt eine Kassette mit acht Rock 'n' Roll-Oldies kauften. Bis dahin hatte ich immer nur den Country-Rock aus dem Radio gehört, das dauernd in der Küche meiner Mutter dudelte, und die Musik, die im Fernsehen als Rock 'n' Roll angeboten wurde *(Happy Days, The Sonny and Cher Show ...)*. All das ließ mich völlig unvorbereitet auf die Attacken von Little Richard oder Jerry Lee Lewis. Voller Energie, aufregend, ja sogar aggressiv; es ist schwer, die Empfindungen zu beschreiben, die durch die Musik dieser beiden Künstler 1975 in den Ohren und im Kopf eines Neunjährigen ausgelöst wurden, der in der Provinz von Ontario aufwuchs. Diese Musik war anders als alles andere. Sie war rüde. Störrisch. Sie war gefährlich.

Ich zog mich in das freie Schlafzimmer zurück, wo unsere Stereoanlage stand, drehte die Lautstärke bis zum Anschlag, gerade dass die Lautsprecher nicht aus den Boxen flogen, und spielte meine Lieblingsstücke: »Round Around Sue« von *Dion and the Belmonts*, Freddy Cannons »Tallahassee Lassie«, Buddy Hollys »Oh Boy«. Aber meine absoluten Lieblinge waren Little Richard mit seinem »Tutti Frutti« und Jerry Lee Lewis' »Great Balls of Fire«. Bei diesen Stücken konnte ich nicht mehr sitzen und mit dem Fuß wippen: ich musste mich bewegen, herumhüpfen, Hände und Füße hielten nicht mehr ruhig. Zuerst spielte ich Luftgitarre, dann Luftpiano, das Bett war mein Keyboard. Glücklicherweise waren das Luftinstrumente, sonst hätten mir die Finger so wehgetan, dass ich meinen Eishockeyschläger nicht mehr hätte halten können.

Ich lernte, was wahren Rock 'n' Roll ausmacht. Er ist unverfälscht, Musik für das »Es«, schamlos, geil, wild. Der wahre Rock 'n' Roll lässt dich am Abend Dinge tun, von denen du am nächsten Morgen nicht glaubst, dass du sie getan hast. Wenn nicht diese leichte Angstlust dabei ist, dann ist es nicht das Wahre. Obwohl in den letzten fünfzig Jahren eine künstlerische und kommerziell trivialisierende Degeneration uns mit schlechter Musik überschüttet hat – die besten Stücke von Little Richard und Jerry Lee Lewis haben bis heute etwas von dieser Gefährlichkeit behalten. Die untergründig anarchische Energie von *Georgia Peach and the*

Killers (ich kann noch heute nicht stillsitzen, wenn ich »Lucille« höre und bei Jerry Lee Lewis' Lachen am Ende von »Don't Put No Headstone On My Grave« läuft es mir immer noch kalt den Rücken runter) bezeugt das wunderbare, unauslotbare Geheimnis der Kunst: wie kann eine alte ausgeleierte schwarze Vinylscheibe, die sich mit 33,3 Umdrehungen pro Minute auf dem Plattenteller bewegt, die Seele zum Leuchten bringen und auf den Armen Gänsehaut hervorrufen?

Starke Musik (und starke Poesie, Kunst, Filme etc.) machen uns zu Verrückten, zu heiligen Toren; wenn wir uns darin versenken, sehen wir töricht aus, benehmen uns so und stellen uns alle möglichen törichten Dinge vor. Dinge wie bedingungsloses Glück, ästhetische Perfektion, geistige Reinheit. Das Gesicht von Jimi Hendrix, wenn er seine Gitarre spielte, Keith Moon, der auf sein Schlagzeug eindrischt, Janis Joplin, wie sie schreit, bettelt und kreischt; wir selbst, wenn wir die Haltestelle der U-Bahn verpassen, weil wir unsere Nase in einen spannenden Roman stecken: all das sind Beispiele für Menschen, die in direkter, ekstatischer Kommunikation mit dem stehen, was Goethe in Bezug auf Mozarts Musik »die menschliche Inkarnation der göttlichen Schöpferkraft« nannte. Wenn Sie es nicht glauben, besorgen sich eine Aufnahme von *The Night Stalker* mit Darren McGavin, eine Serie, die 1974 und 1975 im Fernsehen lief. Ich habe es gemacht. Es hat mein Leben verändert.

McGavin spielt darin einen Typen namens Carl Kolchak, einen investigativen Reporter einer unabhängigen Nachrichtenagentur in Chicago, der jeden Donnerstagabend um 21 Uhr im Rahmen von unspektakulären Recherchen auf irgendein übernatürliches Phänomen stößt. Zwar gelingt es Kolchak immer mit links, den Vampir, Killerroboter oder Voodoo-Zauberer der Woche zu erledigen, die Belege für seine Funde aber werden jedes Mal zerstört, von einer Regierungsbehörde oder anderen Reichen und Mächtigen beschlagnahmt, die eine Aufdeckung verhindern wollen. Sein Chef weigert sich dementsprechend immer, seine Geschichten zu drucken. Und wieder mal, das ist die Botschaft von Kolchak, wird der Öffentlichkeit die Wahrheit vorenthalten.

Bevor ich Profi bei den Eishockeyspielern oder Mitglied der berittenen Polizei in Kanada werden wollte, war mein dringendster Wunsch in die Fußstapfen von Carl Kolchak zu treten. Kolchak war nicht nur der Typ, der dem Vampir den Holzpflock ins Herz hämmerte – er war für gewöhnlich auch der Einzige, der daran glaubte, dass ein Untoter sein Unwesen in Chicago trieb. Er wusste, dass es so war, denn er hatte – im Gegensatz zur leichtgläubigen Presse, der obrigkeitshörigen Polizei und den desinteressierten Bürgern – einen wachen Geist und Intuition und war an nichts anderem als seiner Story interessiert, hinter der er gerade her war. Er trug immer das Gleiche in allen Folgen der

Sendung. Jedes Mal trat er im blauen Nadelstreifenanzug auf, Buttondownhemd, die schwarze Krawatte gelockert, ausgetretene Turnschuhe und weiße Socken, dazu einen markanten Strohhut mit einem rot-schwarzen Hutband (die einzigen Zugeständnisse an die moderne Technik waren sein Diktiergerät und die Kamera, die er immer mitführte). Wichtiger aber als sein ziemlich (abgerissenes) Aussehen oder sein (ebenso heruntergekommenes) Auto oder seine Ernährung (schwarzer Kaffee und Hotdogs) oder die Meinung der anderen über ihn (Kolchak: »Was genau gefällt Ihnen an diesem Hut nicht?« Vincenzo: »Das, was darunter ist.«), war die Story – die unwiderlegbar realen, scheinbar irrealen Ereignisse – die der Welt mitgeteilt werden sollten, ob sie es nun hören wollte oder nicht.

Natürlich ist es mit dem Schreiben über die Freude an der Kunst wie mit dem Sprechen über Sex: Tun macht mehr Spaß als reden. Und in beiden Fällen ist es nicht einfach, die Sache gut zu machen. In beiden Fällen gibt es eine Neigung zur analytischen Langeweile (zähe Zeilenschinderei oder das dröge Sammeln sexueller Eroberungen) oder fürchterliche Gefühlsduselei (die übertriebenen Schwadroneure oder kosmische Delirien à la D.H. Lawrence oder die Brachialnummern von Henry Miller). Es ist das Dilemma des Mystikers, der das wesentlich Unsagbare ausdrücken will, in das sich der Schriftsteller begibt, der mit der Hoffnung antritt, seine – bestenfalls – quasi-mystischen Erfahrungen künstlerischer oder sexueller Bedürfnisse neu zu beleben und zu erforschen. Er biegt und wendet die Sprache, manchmal auf erfrischend unerwartete Weise, übrigens ein sicheres Rezept für niedrige Auflagen und kritisches Kopfschütteln. Gefährliche Taten – da ist das Wort wieder – erfordern gefährliche Worte.

Das Beste, was man über ein Kunstwerk sagen kann, sei es ein Roman, ein Gemälde oder ein Rocksong von drei Minuten, ist, dass es gefährlich ist. Nicht gefährlich in dem Sinne, wie der Klang von »The End« von *The Doors* aus dem Schlafzimmer des Jugendlichen einer Mutter Angst einjagen kann, sondern gefährlich im Sinne von Kafka, der gute Kunst mit einem Eispickel verglich, der geschickt an den gefrorenen Oberflächen in uns kratzt. Wahre Kunst spricht zu niemand anderem als zu dem, der sich mit ihr beschäftigt. Jack Kerouac sprach zu mir und sonst niemandem. Nicht mit dem, was er sagte, sondern wie er es sagte. Sein Stil sprach zu mir.

Stil zu definieren ist in etwa so schwer wie der Versuch, eine Definition der Seele zu geben, und Llewelyn Powys Ansatz ist hier so brauchbar wie alle anderen. »Stil«, so Powy, »ist die letztendliche Ausdrucksform des spirituellen Bewusstseins des Autors. Das spirituelle Bewusstsein erreicht man durch mehrere Einflüsse. Die Vorfahren haben eine gewisse grundlegende Disposition geprägt, die Umwelt hat diese Neigung verfestigt und das individuelle Temperament des Einzelnen hat ihm aus dem Nichts das Leben eingehaucht.« Georges Louis Leclerc brachte es etwas knapper auf den Punkt: »Der Stil ist der Mensch.« Will ich Jack Kerouacs Stil verstehen, so muss ich den Menschen Jack Kerouac verstehen.

Manche meinen, Kerouacs Katholizismus sei der Schlüssel zum Verständnis seines reifen Prosastils, es sei eine Art Beichte, die sich in seiner Theorie der spontanen Prosa manifestiere. Aber Kerouac war katholischer unterwegs (d. h. er hatte sich noch nicht mit dem Buddhismus auseinandergesetzt), als er seine an Hemingway und Saroyan orientierten Jugendwerke schrieb (und später in seinem schwer von Tom Wolfe beeinflussten ersten Roman *The Town and the City*), als in den Texten, die von seinem später aufblühenden »bekennenden« Stil geprägt sind. Das erste zentrale Element in der Entwicklung von Kerouacs Prosastil war nicht die Religion, keine Philosophie oder gar ein Buch, sondern die Briefe, die er von einem Jungen erst aus der Jugendstrafanstalt in Denver erhielt, der später dann im Gefängnis von St. Quentin landete.

»Die Idee für den spontanen Stil von *Unterwegs* kam mir, als ich sah wie der gute alte Neal Cassady seine Briefe an mich verfasste«, schrieb Kerouac. »Alles in der ersten Person, schnell, verrückt, bekennend, völlig ernst und sehr detailgenau … Cassady begann seine frühen jugendlichen Schreibversuche mit langsamen, sorgfältigen Texten nach der Lehrbuchmethode, war es aber bald leid, genau wie ich, als er merkte, dass das nicht von innen kam, es fühlte sich nicht so an wie das, was da aus ihm herauskam. Das Wesentliche habe ich von seinem Stil übernommen.«

Kerouacs beste Arbeiten oszillieren in Anspruch und Beschränkung wie der extremste Free Jazz zwischen betörender Freiheit und wildestem Wahnsinn. Darüber hinaus ist er ein Befreier der Sprache, der es seinen Lesern ermöglicht – und in den guten Momenten sie sogar zwingt – aus dem Sessel aufzuspringen, ihr Instrument zu packen und auf die Bühne zu platzen, um ihre eigene Seele, ihr Leben, ihren Körper zu spielen. Wahre Kunst handelt nie nur vom Künstler. Der vorletzte Absatz seines Buchs *Tristessa* – »Ich werde Kerzen vor der Madonna anzünden, ich werde sie malen und Eis essen, Speed einwerfen und Brot – ›Dope and saltpork‹ wie Bhikku Booboo immer sagte – ich geh über den Winter nach Sizilien in den Süden und male meine Erinnerungen an Arles – ich werde ein Klavier kaufen und es bemozarten – ich werde lange traurige Geschichten über die Menschen schreiben, die in der Legende meines Lebens spielen – das ist mein Teil des Films, erzähl mir deinen.« – ist im Grunde genommen eine Aufforderung, sich der Lieder zu vergewissern, die man auf den vorangehenden Seiten gehört hat, um sie dann zu vergessen und selbst welche zu schreiben. Die besten Leser Kerouacs tun es. Und sie haben verdammt viel Spaß dabei.

Man kann es den Lesern – kanadischen vielleicht noch mehr als anderen nachsehen – wenn ihnen das passende unziemliche Wort »Spaß« nicht über die Lippen kommt, wenn sie außergewöhnliche Literatur beschreiben. Besonders dann nicht, wenn die preisgekrönten Werke nach ihrem sozialen Wert gewählt werden – als wäre Kunst eine Art proteinreiches mentales Müsli – und man einen langweiligen Autor aufgrund seiner Langeweile als ernsthaft bezeichnet. Egal wie viel nacktes Fleisch wir auf der Leinwand sehen und wie viel Musik wir hören, mit der Kunst verhält es sich wie mit den Politikern: wir lieben das Blasse, Nachgemachte, Unaufdringliche.

Als ich fünfundzwanzig Jahre alt war und nicht wusste, was ich mit meinem Leben anfangen sollte, las ich Thomas McGuanes zweiten Roman, *The Bushwhacked Piano*. Als ich durch war, wusste ich es. Ich wollte das machen, was McGuane tat: singen wie ein Dichter, wie ein gelernter Satiriker mit dem Finger auf andere zeigen und mich all den großen Fragen stellen, die in meinen Universitätsseminaren nicht beantwortet wurden, wo es um Sprachanalyse und symbolisches Wissen ging. Ich wollte mit anderen Worten einfach Spaß haben. *The Bushwhacked Piano* ist ein Lehrbuch fürs Spaßhaben.

Die Geschichte selbst ist simpel, wie die meisten von McGuane und gleicht in vieler Hinsicht den zahlreichen Romanen, die später nachfolgten: Nicholas Payne haut aus dem Haus seiner gutbürgerlichen Eltern ab, deren Leben für ihn ein Albtraum ist, und sucht die Freiheit der Landstraße, die verbotene Liebe, und den Geistesblitz der Erkenntnis, der das Leben verändert, solange sich das alles mit einer bevorstehenden Operation wegen eines Hämorrhoidenleidens und dem Verkauf von selbst gebastelten Vogelhäuschen für Fledermäuse an leichtgläubige Rabauken aus dem Mittleren Westen, die mit einer Mückenplage zu kämpfen haben, vereinbaren lässt. Aber wie bei den meisten herausragenden Kunstwerken schlägt einen nicht die Geschichte in den Bann, sondern die Art, wie sie erzählt wird. Wir sehen den Meister McGuane, wie er Nicholas' Erzfeind Wayne Cobb beschreibt, der Payne und seiner Freundin Ann nachspioniert, als die beiden sich lieben. Er kriegt die Sache mit einem Satz in den Griff, wo andere Autoren einen ganzen Roman brauchen würden, nur um die Ausgangssituation zu beschreiben.

> Während er durch das Dachfenster von Anns Schlafzimmer lugte und dann kopfüber nach unten ins Zimmer hing, beobachtete er zunächst ihren gespielten Auftritt vor Payne, wie sie dann ineinander verschlungen dalagen, die Wölbung ihres kompakten erröteten Hinterns, wie sich sein etwas blasseres Fleisch auf das ihre stürzte, das schrecklich lange Vorspiel und schließlich die spastisch zuckende Vereinigung, begleitet von einer von den beiden unbemerkten Ejakulation am Fenster über ihnen.

Aber bei aller Wortgewalt und ironischen Schärfe kann ein Künstler auch ein bedeutender Denker sein, was McGuane in *The Bushwhacked Piano* unzweifelhaft unter Beweis stellt, ein schräger Philosoph, der es versteht, jede Zeile als roten Faden des Gedankens zu nutzen.

> Mit Grazie zog Payne ein Klappmesser voll Erdnussbutter über ein Stück hartes Brot und sein Blick schweifte aufs Meer hinaus. Er spürte, dass er ein Exempel statuiert hatte und dass er, selbst jetzt noch, Teil einer großen Inszenierung war, ein Ausstellungsstück. Messer und Erdnussbutter ruhten in seiner Hand. Über ihm wölbte sich der Himmel, rund schimmernd wie ein Glassturz. Er lächelte und war's zufrieden. Er wusste, dass die großen Versager in den Knästen und Erziehungsheimen schmorten, während er, weit weg davon, sich die Dinge gerichtet hatte, als es noch einfach war.
> Aber er hatte sich am Leben gerieben, all diese unglaubliche Prüfungen hatten ihn geformt. Die bleiche endgültige Form von Payne war zum Vorschein gekommen, wie der Dotter eines Eis, das man gegen das Licht hält.
> Ich bin frei.

Dank *The Bushwhacked Piano* gibt es mich. »Die Macht des Sichtbaren / ist das Unsichtbare«, schrieb Marianne Moore. Klänge, Geschichten, Bilder: wir sind die Kunst, die wir lieben.

DIE MATERIELLE WELT

Eine wirkliche Welt ist genug.
GEORGE SANTAYANA

Einer meiner Freunde, der Dichter David O'Meara, pflegt zu sagen: »Ich hab's nicht so mit der Natur.« Meine eigene Ambivalenz gegenüber dem Grobstofflichen ist möglicherweise noch grundlegender: selbst unbelebte Objekte können mich zum Wahnsinn treiben. John Berryman, auch einer von denen, die die meiste Zeit auf ihrem Hintern sitzen und dabei in ihrem Kopf leben, erklärte im Gespräch mit einem Fernsehreporter, was Schriftsteller von anderen Menschen trennt anhand der unterschiedlichen Beziehungen zur Welt der toten Materie: »Manche Menschen glauben, es sei einfach der Preis, den man für eine überentwickelte Empfindsamkeit zahlen muss. Zum Beispiel klemmt die Türe, wenn ich sie öffnen will. Ich kriege natürlich einen Nervenzusammenbruch. Der Typ nebenan, bei dem klemmt auch die Türe. Er repariert sie und macht sie auf. Keine Krise.« Ich habe über die Jahre endlose Schlachten mit bockigen und letztlich siegreich blinkenden Videorekordern geschlagen, mit losen Fahrradketten, unkooperativen Druckern, unförmigen Gartengeräten, verschwundenen einzelnen Socken, Flecken in der Küche, die nicht weggingen, und ich glaube nicht, dass mein Krieg mit der materiellen Welt aufhört, bevor ich aus ihr abtrete, der Endsieg ist dem Gegner gewiss.

Ferner gibt es dann eine Welt der Schmerzen und Beschwerden, die uns nähersteht – der eigene Körper, Fühlen, Blut, Fleisch und Knochen. Ist man jung, so sind es die Pickel im Gesicht, der schmächtige Körperbau, die dünnen Waden; mittleren Alters stört dann der wachsende Bauch, die ausfallenden Haare, die steigenden Cholesterinwerte und schließlich im Alter sieht man schlechter, man hört schlechter und die Spannkraft lässt deutlich nach. Edna St. Vincent Millay sah im menschlichen Körper nichts anderes als ein Sammelsurium von lästigen Ärgernissen:

> Der Körper, bestenfalls ein Nest der Schmerzen,
> schreit nach Ruhe
> um dann zu jammern, wenn er erwacht.

Delmore Schwartz nannte seinen Körper sogar einen »schwergewichtigen Bären« und in seinem gleichnamigen Gedicht *The Heavy Bear Who Goes with Me* bezichtigt er den Körper ob seiner unwürdigen Forderungen und armseligen Schwächen und sehnt sich nach einer reineren Form der Existenz, frei von den Beschränkungen des physischen Daseins:

> Der schwere Bär, der mich begleitet,
> verschmiert das Maul mit Honig
> und tapsig grummelnd immerdar,
> ein allbereites Schwergewicht,
> hungrig seine Klauen schwingend,
> sucht Süßes, Ärger und will Ruhe,
> verqueres schräges Faktotum,
> kletternd, klammernd, krachend,
> schlägt wütend auf den Bruder ein,
> im Hass der Städte, auf der Straße.
>
> Das schwere Tier liegt schnaufend neben mir,
> der schwere Bär, der bei mir schnarcht,
> im Schlafe jault, von Zucker träumt,
> vom Bad im Sirup,
> jault, weil ihn seine Leine drückt,
> und zitternd vor der tiefen Düsternis
> von Arroganz in Angst verfallend
> kratzt er sich an den Hosenbeinen
> und schaudert beim Gedanken,
> dass alle Stützen letztlich wanken.

Zerrissene Hosenbeine, Reifen ohne Luft und Arthritis im Knie, die nicht heilt: wen wundert's, dass die Menschheit entgegen erdrückender Gegenbeweise an das Paradies, die platonische Welt der Ideen, an die Zukunft oder wer weiß an sonst was glaubt, das ein Glücksversprechen enthält. Schließlich ist es angenehm sich vorzustellen, dass irgendwann, irgendwo, alles irgendwie gut wird. »Die Vorstellungskraft«, so Pascal, »befreit sich von allem; sie bringt Schönheit hervor, Gerechtigkeit und Glück, denn nur darum geht es in der Welt.« Und Emiliy Dickinson schrieb: »Das Gehirn ist weiter als der Himmel«, und wir können uns einen himmlischen Alterssitz ausmalen, wo am Ende sich alle Probleme lösen, wo jeder sein Plätzchen hat und mit den verblichenen Liebsten und den Schoßtieren seiner Jugend wieder vereint ist. Dummerweise aber gilt die Einsicht von Alfred North Whitehead: »Wir denken im Allgemeinen, aber leben im Besonderen.« Auf jede Samstagnacht folgt ein nächster Morgen.

Manche schaffen es, den Kater des Idealisten am nächsten Morgen zu umgehen indem sie sich mit den kargen Freuden eines Nachmittags unter der Woche bescheiden. Walt Whitman beispielsweise vermied dieses Schwindelgefühl, das mit dem Griff nach den Sternen einhergeht, da er mit dem zufrieden war, was er direkt in seiner unmittelbaren Umgebung ergreifen konnte. Sein Glück fand er in und an sich selbst. »Wenn etwas heilig ist, dann der menschliche Körper«, deklarierte er. Das bezog sich zuallererst auf den eigenen Körper: »und nichts, kein Gott, ist größer als das eigene Selbst.« »Ich zelebriere mich selbst«, so Whitmans bekannte Formulierung – sich selbst und all die wundersamen Kleinigkeiten des mundanen Alltagslebens. Doch Whitman feierte nicht den Egoismus – sein Leben und sein Körper erschienen ihm geheiligt, weil die Luft, die er atmete, heilig war, heilig wie alles Irdische, selbst das »Gemeinste, Billigste, Nächste und Leichteste«.

> Ich glaube, ein Grashalm ist nicht geringer als das
>   Tagwerk der Sterne,
> Und die Ameise nicht minder vollkommen,
>   und des Zaunkönigs Ei, und ein Sandkorn,
> Und die Baumkröte ist ein Meisterstück des Höchsten,
> Und die Brombeerranken würden die Halle des Himmels schmücken,
> Und das schmalste Gelenk meiner Hand spottet aller
>   Maschinen,
> Und die Kuh, die wiederkäut mit gesenktem Kopf,
>   übertrifft jedes Bildwerk,
> Und eine Maus ist Wunders genug, um Sextillionen
>   von Ungläubigen zu bekehren.

Whitman zelebriert auf erfrischende Art die endliche Individualität als Gegenstück eines trockenen, übertriebenen Idealismus (»Da wollen sie die Quadratur des Kreises«, so Montaigne, »während sie mit ihren Gattinnen zusammengepfercht sitzen.«). Aber seine Kosmologie des Körpers ist wie bei allen Fundamentalisten höchst einseitig, er huldigt ausschließlich dem Erdigen auf Kosten des Luftigen. Montaigne teilt Whitmans Misstrauen gegenüber der Abstraktion – »Sie wollen sich selbst entfliehen und der Menschheit entkommen. Das ist Wahnsinn: statt sich in Engel zu verwandeln, werden sie zu Monstern; statt sich zu erheben, sinken sie hinab« – aber gleichsam als Leuchtfeuer einer vernunftgetragenen Vermittlung anerkennt Montaigne das menschliche Streben nach dem Ideal. Für ihn ist die Fähigkeit, zwischen den beiden Sphären zu wechseln, ein Schlüssel zum menschlichen Glück:

> Wenn ich tanze, tanze ich, und wenn ich schlafe, schlafe ich; selbst wenn ich einsam durch einen schönen Park spaziere und meine Gedanken sich eine Zeit lang mit anderweitigen Dingen beschäftigen, lenke ich sie dann eine Zeit lang auf den Spaziergang zurück, auf den Park, auf den Zauber dieser Einsamkeit, auf mich.

Hat man sich einmal entschlossen, die Dinge eher zu feiern, als zu bedenken, wird eine gute Gesundheit von selbst zu einem der höchsten erstrebenswerten Güter in der grobstofflichen Welt. Jeder, der schon mal üble Zahnschmerzen, eine schwere Erkältung oder einen verstauchten Knöchel hatte, wird Virgil zustimmen, der sagte: »Gesundheit ist der größte Reichtum.« Wer schon mal dem Tod ins Auge geschaut hat, bei dem wird dieses Empfinden in verstärktem Maß auftreten. Man spürt das Glück und die Dankbarkeit des Überlebenden, dem so triviale Dinge wie sie Whitman besingt, »das Gefühl gesund zu sein … das Flirren des Mittags … am Morgen aufstehen und die Sonne begrüßen«, als höchstes Gut erscheinen. Solange die eigene Gesundheit nicht zum Selbstzweck wird – »Menschen, die immer nur an ihre Gesundheit denken, sind wie Geizhälse, die einen Schatz hüten, den sie sich nie trauen, auszugeben«, meine Lawrence Stern –, ist das körperliche Wohlbefinden die Grundlage für den Lebensgenuss. Manche, wie Dr. Johnson, gehen so weit, die Gesundheit sogar zu einem ethischen Imperativ hochzustilisieren: »Es ist eine religiöse und moralische Pflicht auf die eigene Gesundheit zu achten, denn die Gesundheit ist die Basis aller sozialen Tugenden. Wenn wir nicht mehr gesund sind, sind wir zu nichts mehr nütze.«

Ein gesunder Körper ist zugleich auch ein sexuell aufgeladener Körper. Die unsterbliche Poesie, das makellose moralische Handeln und der technische Fortschritt, der die Menschheit voranbringt – alles schön und gut, aber wie es aussieht, hat die Natur uns geschaffen, um zu essen, zu schlafen, zu scheißen und zu ficken. Und nicht zu vergessen, Kinder in die Welt zu setzen, die ihrerseits wieder essen, schlafen, scheißen und ficken. Vermutlich hatte Baudelaire etwas Ähnliches im Sinn als er schrieb: »Sexualität ist die lyrische Ausdrucksform der Massen.« Für Baudelaire war der menschliche Körper kein Grund, sich seiner zu schämen, Sex war für ihn nichts Schmutziges. Nur schien er ihm keiner weiteren Hingabe wert, und da es schließlich alle tun, kann es keinen großen Wert besitzen.

Aber vielleicht halten wir es doch lieber mit Montaigne, der meinte: »Ist es nicht ein Fehler, manche Handlungen gering zu schätzen, nur weil sie notwendig sind?« Vielleicht liegt der Wert des sexuellen Begehrens gerade darin, dass es nicht auf Entscheidungen basiert. Vielleicht ist es tugendhafter, sich den Befehlen der Natur zu beugen, als auf von Menschen gemachte Imperative zu hören. »Was man erst beweisen muss, ist wenig wert«, meinte Nietzsche. Die Lust überkommt uns – manchmal und gerade dann –, wenn man nicht lüstern sein möchte. Mehr als unsere erregten sexuellen Organe braucht es dazu nicht. Und wie Cyrill Connolly richtig feststellte: »Es ist noch keiner im Bordell unglücklich gewesen (außer beim Arbeiten dort).« Zumindest nicht, wenn man mit dem beschäftigt ist, weswegen man diesen Ort aufgesucht hat.

Dann gibt es unsere zweite Lieblingsbeschäftigung, die mit dem Bett verbunden ist: schlafen. Wir schließen unsere Augen, um uns physiologisch zu erholen und zu verjüngen, zugleich aber ist der Schlaf eines der schönsten Geschenke der Natur, nicht zuletzt weil er uns den Segen des Vergessens spendet. Wie oft widerfährt es uns, dass wir aufwachen, nachdem wir ein Problem »überschlafen« haben, und feststellen, dass es gar nicht so groß ist oder gar im Schlaf verschwand. Unser Geist hat gearbeitet, während das Bewusstsein schlief. (»Rastet«, empfiehlt Ovid, »denn ein Feld, das geruht hat, gibt eine bessere Ernte.«) Manchmal ist es das Beste, ein Problem einfach zu ignorieren, und was eignet sich besser dazu als der Schlaf?

Wenn Freud recht hat, ist der Todestrieb die zweite zentrale Motivation neben der Sexualität, die uns Menschen antreibt. Der Schlaf (»Du Affe des Todes«, wie Shakespeare ihn nannte) ist im Leben des Menschen jener Zustand, der jenem der Nicht-Existenz am Nächsten kommt, ein Zustand, der uns die Narkose des Nichts nahebringt, nach der sich jener der Welt überdrüssige Erzähler in Swinburns Gedicht *Der Garten des Prosperine* sehnt.

> Ich bin der Tränen und des Lachens müde,
> Müde der Menschen, die lachen und weinen
> Über das, was danach kommen mag.
> Müde bin ich all derer, die säen um zu ernten,
> All der Tage und Stunden,
> Der vertrockneten Knospen verblühter Blumen,
> Der Wünsche, Träume und des Willens,
> Schlafen, nur mehr schlafen.

Zudem ist das Schlafen – oder genauer gesagt jener köstliche Moment des Übergangs, bevor uns der Schlaf einhüllt – als körperlicher, sinnlicher Zustand einfach höchst angenehm. Eine meiner schönsten Kindheitserinnerungen ist das Einschlafen unter einer von meiner Mutter zurechtgerückten dicken Decke, während das Wummern des Ofens weiche Wellen warmer Luft ankündigte. Noch heute ist der nächtliche Weg zur kalten Toilette in der Winternacht eine Freude im Angesicht der Rückkehr in das weiche Bett unter die noch warmen Decken. Schließlich gibt es das einzigartige Vergnügen des Nickerchens. Ein kurzes Wegdösen ist körperlich erfrischend, bringt aber auch eine psychologische Belohnung, denn man tut etwas, was sich der Rest der Welt nicht leisten kann: man hält die Uhr mitten am Tag an und kehrt dem geschäftigen Getriebe einfach den Rücken, zieht die Jalousien herunter und lässt alle fünfe gerade sein. Henry Miller zog jeden Nachmittag seinen Schlafanzug an als eine rituelle Vorbereitung auf seinen Mittagsschlaf. Einer seiner Freunde nannte das »die Knochen in Samt wickeln«. Ein kleines Schläfchen ist wie der gestreckte Mittelfinger, den man einer Welt entgegenhält, die sich selbst allzu oft allzu ernst nimmt.

Doch bevor man schläft, heißt es wach zu sein, und abgesehen von der post-koitalen Müdigkeit gibt es kein besseres Schlafmittel als Bewegung. Natürlich ist die sich einstellende Ermüdung nicht das Hauptmotiv für körperliche Ertüchtigung. Seit Plato und bis hin zu unserem Turnlehrer in der Schule weiß man über die positiven Wirkungen regelmäßiger sportlicher Übungen für die Gesundheit. Es werden Endorphine ausgeschüttet, die Stimmung hebt sich und die Wirkung ist besser als bei jedem pharmakologischen Aufheller aus der Apotheke. Daher macht ein Workout Spaß, ein Grund, es gelegentlich zu tun. In meiner Jugend habe ich Hockey und Football gespielt und habe Querfeldeinläufe gemacht. Aber wenn ich mich heute eine halbe Stunde auf meinen Hometrainer setze und dann fünf Minuten Liegestütze mache geht es nicht mehr darum, irgendwelche Pokale zu gewinnen oder das Selbstwertgefühl aufzupumpen und Mädchen zu beeindrucken. Mal abgesehen von den präventiven Effekten für die Gesundheit, geht es mir dabei einfach gut. Das trifft natürlich besonders dann zu, wenn man beruflich eine sitzende Tätigkeit ausübt. Man spürt, wie der Pulsschlag sich erhöht, wie sich die Muskeln strecken und einem der Schweiß aus den Poren läuft. In meinem Alter kann man keinen Blumentopf mehr gewinnen, wenn man aufs Fahrrad steigt und eine halbe Stunde strampelt, aber das Glücksgefühl, das sich dabei einstellt, und die Dusche danach sind Ansporn genug für mich.

Viele Leute wundern sich, dass ich auf einem stationären Heimtrainer Fahrrad fahre. »Willst du nicht lieber irgendwohin fahren?«, werde ich immerzu gefragt.

Aber ich weiß, eigentlich bin ich schon irgendwo, wenn ich die Kopfhörer aufhabe, mein Herz wie wild pocht und ich am ganzen Körper schwitze. Darüber hinaus ist die Welt draußen vor der Türe auch nicht unbedingt der Ort, wo es mir gefällt. Mit der Natur habe ich es, in den Worten meines Freundes O'Meara, noch immer nicht so. Das gilt nach wie vor, auch wenn wir uns vor zwei Jahren ein Wochenendhaus weit draußen in der Wildnis der Haliburton Highlands gekauft haben.

Ich bin in der Vorstadt groß geworden und habe seitdem ich mit neunzehn Jahren von zu Hause ausgezogen bin, mein Leben in der Stadt verbracht. Mückenstiche, Feuchtigkeit und nasskalte Füße sowie die meisten Aussichten, die die Natur bietet, sind für mich immer noch eher abstoßend als erbaulich. Vor einigen Jahren aber merkte ich zum ersten Mal, sei es beim Spaziergehen im Park mit dem Hund oder während ich im Garten lesend unter einem schattigen Baum saß oder an einem heißen Tag die Gewitterblitze am Himmel betrachtete, dass mich etwas an der Natur zu interessieren begann. Mir war nach engerem Kontakt mit der Natur. Das waren keine pastoralen Epiphanien auf der Suche nach dem einfachen Leben im Einklang mit der Natur. Ich dachte nur, dass mir vielleicht doch etwas abgehen könnte, dass in meinem persönlichen Farbspektrum, die eine oder andere Schattierung einfach fehlte.

Es passierte ziemlich genau das, was ich mir vorgestellt hatte: Ich arbeite tagsüber in einer kleinen Hütte, von wo ich den Blick auf den an unser Grundstück angrenzenden Irondale River habe; abends lese ich im Wintergarten und höre den Geräuschen der Natur zu, bevor ich dann die Türen absperre, die Lichter lösche und zum letzten Mal nach draußen zum Pinkeln unter den leuchtenden Sternen gehe. Wahrscheinlich werde ich mich nie Popes Position anschließen, der schrieb: »Alles ist nur Teil des Großen Ganzen / dessen Körper die Natur und dessen Seele Gott ist.« Ich halte es vielmehr zusehends mit Voltaire, der sagte: »Die Menschen streiten, die Natur handelt.« Ich habe gelernt, die Solidität der Natur zun schätzen sowie ihr Desinteresse an den kleinen Reibereien der menschlichen Existenz.

Aber Flüsse trocknen aus, Zikaden und Frösche sterben und der menschliche Körper zerfällt, das sexuelle Verlangen lässt nach und wenn man sich zum letzten Mal hinlegt, schläft man am längsten. Selbst der vom Humanismus getriebene Optimist muss ab und an eingestehen, dass die Freuden des grobstofflichen Daseins vergänglich sind. Zumindest Montaigne dachte so:

> Doch auch ich, der ich mich rühme, die Annehmlichkeiten des Lebens mit so ungemeiner Gier zu ergreifen, finde, wenn ich sie mir genauer betrachte, fast nur Wind darin. Wie auch anders? Wir sind ja selbst eitel Wind.

Der Wind freilich, weiser als wir, hat seine helle Freude am Sausen und Brausen und findet seine Erfüllung in dem, was seines Amtes ist, ohne auf Bestand und Dauer aus zu sein, die ihm wesensfremd sind.

Wie auf die meisten großen Fragen habe ich auch auf diese keine definitive Antwort. Oder wenn ich sie habe, ändert sie sich von einer Woche zur anderen. Wie auch immer, Zeit für mich, mein Workout zu machen. Und ich muss den Wassertank auffüllen, weil wir morgen abreisen. Es soll warm werden und sonnig das Wochenende über mit gelegentlichen leichten Regenschauern am Sonntag.

INDIVIDUALITÄT

Am meisten bewundern wir den Außenseiter
wegen der Stärke seiner Überzeugungen.
ROBERT DUNCAN

Es gibt kein konformistischeres Lebensalter als die Jugend und bei mir war das nicht anders. Wenn mir meine Eltern keine Nike- oder Converse-Basketballschuhe aus Leder kaufen konnten, dann musste ich zumindest die von North Star haben, die all jene trugen, deren Eltern sich weigerten, für ein paar Schuhe mehr auszugeben, als das wöchentliche Haushaltsgeld der Familie. Ich wollte später in der National Hockey League spielen, ich besaß alle Schalplatten von *Kiss*, ich war der festen Überzeugung, dass jeder, der nicht so war wie meine Freunde und ich, unser aller moralische Ablehnung verdiente, und ich war in dem Glauben, dass das reichste Mädchen mit den teuersten Klamotten und den langen strahlenden sauberen Haaren das schönste war.

Meine erste Erinnerung an ein sich regendes Bedürfnis, anders zu sein, war mein im Alter von neun oder zehn Jahren aufkeimender Wunsch, im Sommer meine Wintermütze zu tragen. Mein Vorbild war Michael Nesmith, der Musiker und Schauspieler, der in der halbstündigen Fernsehshow über die *Monkeys* den »smarten« *Monkey* gab. Ich habe keine Ahnung mehr, warum ich ihn zu meinem modischen Vorbild machte – vielleicht wollte ich auch smart wirken –, ich tat es jedenfalls. Ich war noch nicht über die Beobachtung von Louis Kronenberger gestolpert, dass »Individualismus eher wie Unschuld ist; da ist irgendetwas Unbewusstes im Spiel«. Niemand außer mir fand, ich sei »smart«. Mrs. Stull, die Mutter eines Freundes, dachte das Gegenteil und fragte mich, ob meine Mutter denn wisse, dass ich eine Wollmütze trage, wenn es draußen brütend heiß sei. Als ich antwortete, sie wisse es, sagte sie mir, ich sollte die Mütze abnehmen, zumindest solange wir bei beschlagenen Scheiben im Zimmer saßen. Vermutlich wollte sie vermeiden, dass ein Kind aus der Nachbarschaft in ihrem Haus einem Herzinfarkt erlag.

Die Highschool ist der Ort der gewollten Exzentriker – die wohl langweiligste Variante der versuchten Individualität – in dieser Phase erfüllen die schrecklich unsicheren Jugendlichen unabsichtlich die Definition von Ambrose Bierce, der absichtliches Außenseitertum in seinem *The Devil's Dicitionary* wie folgt fasste: »EXZENTRIK, n. Eine höchst billige Methode sich abzusetzen, so billig, dass es sogar der größte Idiot schafft, um seine Unfähigkeit zu beweisen.« Die Zielrichtung ist hier klar: es handelt sich um den verzweifelten, fast aggressiven Wunsch, sich von allen anderen abzuheben, außer von denen, die man imitiert. Meine persönliche Formel für jugendliche Authentizität ging so: eine Prise von Jim Morrisons schnurrendem Sex-Appeal, ein bisschen selbstzerstörerische Genialität à la Jack Kerouac und der Rest Lou Reeds Misanthropie des Rock 'n' Roll. Wie sich dann herausstellte, war ich weder sexy noch brillant oder wirklich pessimistisch (finster dreinschauen gilt nicht). Letztlich konnte ich abends gut auf meinem Wasserbett einschlafen (voller Stolz, dass ich der Einzige in meinem Jahrgang war, der so etwas besaß) und entwickelte einen Mix aus Persönlichkeitseigenschaften, wie ihn nur das Chatham Collegiate Institute, wo ich zur Schule ging, hervorbringen kann. Auch eine misslungene Erfindung ist immer noch eine Erfindung; die Eigentumsrechte daran, wie nutzlos sie auch immer sein mögen, bleiben einem erhalten.

Rückblickend kann man wenigstens halbwegs objektiv den Samen echter Individualität erkennen und versuchen zu verstehen, warum diese Saat aufgegangen ist. Nietzsche – der es vom vielversprechenden jungen protestantischen Zögling über den verbeamteten Philologen zu einem modernen Sokrates gebracht hat – wusste, als was er nicht enden wollte, und er wusste auch, warum und wie es zu seiner Entwicklung gekommen war:

> Aber sie sitzen kühl in kühlem Schatten: sie wollen in allem nur Zuschauer sein und hüten sich, dort zu sitzen, wo die Sonne auf die Stufen brennt. Gleich solchen, die auf der Straße stehn und die Leute angaffen, die vorübergehn: also warten sie auch und gaffen Gedanken an, die andere gedacht haben ... Denn dies ist meine Wahrheit: ausgezogen bin ich aus dem Hause der Gelehrten: und die Thür habe ich noch hinter mir zugeworfen. Zu lange saß meine Seele hungrig an ihrem Tische; nicht, gleich ihnen, bin ich auf das Erkennen abgerichtet wie auf das Nüsseknacken. Freiheit liebe ich und die Luft über frischer Erde; lieber noch will ich auf Ochsenhäuten schlafen, als auf ihren Würden und Achtbarkeiten.

»Individualität ist gelebte Freiheit«, schrieb Jon Dos Passos. Ob die eigene Einzigartigkeit sich zur Aktion verdichten lässt – wie bei Nietzsche und seinem großen vitalen Werk –, das ist der beste Maßstab für das Ausmaß der Individualität. Nicht dass alles aus dem Nichts heraus, ex nihilo, existiert, selbst die größten Exzentriker und einzigartigen Kunstwerke stehen in einer Tradition, wie verdeckt diese auch immer in ihrer Gegenwart sein mag. »Große Dichter brennen selten Ziegel ohne Stroh«, schrieb Ezra Pound. »Sie häufen alle Exzellenz auf, derer sie von ihren Vorgängern habhaft werden können, und stellen dann obenauf ihr eigenes leuchtendes Licht.« An einer anderen Stelle ging Pound sogar noch weiter indem er behauptete, Stehlen sei nur dann unmoralisch, wenn man von minderwertigen Künstlern stiehlt.

Thoreau merkte an, dass »die Unterschiede, die wir wahrnehmen und die uns beeinflussen, so subtil sind, dass wir sie nicht beschreiben können«, aber dank dieser unentdeckten, unbeschreibbaren Einflüsse entwickelte Hemingway beispielsweise ein gutes Gefühl für stilistischen Diebstahl bei Stephen Crane, Sherwood Anderson und Gertrude Stein, während seine Texte gleichzeitig von seiner journalistischen Ausbildung, seinen Kriegserlebnissen, ja sogar vom Selbstmord seines Vaters und der Dominanz seiner Mutter geprägt waren. Und dennoch klingen seine besten – frühen – Arbeiten wie Hemingway und nichts anderes (die späteren, minderwertigen Arbeiten wirken lediglich wie Parodien seiner frühen Texte). Und es geht keineswegs nur um die Aneignung der richtigen Einflüsse, um etwas Neues und Eigenständiges zu schaffen. »Im Allgemeinen«, schrieb der Historiker Carl Becker, »sind die Menschen von Büchern beeinflusst (oder von Menschen oder ihrer Tätigkeit oder sogar ihrer physischen Umgebung), die ihnen helfen, ihr Denken zu klären, die ihre eigenen Vorstellungen zum Ausdruck bringen oder die ihnen Ideen nahebringen, für die ihr Geist bereits vorbreitet ist.«

Diese Art der Materialisierung erfolgreich verinnerlichter Einflüsse hat fast etwas Alchemistisches: ohne A, B und C wäre es unmöglich, sich D vorzustellen, und dennoch ist D etwas völlig Eigenständiges und Einzigartiges, das sich nur in seinen eigenen Begriffen erschließt. Das Stück »Roadrunner« von *Jonathan Richman and the Modern Lovers* ist in seinem Sound ganz offensichtlich abgekupfert von dem Stück »Sister Ray« von *Velvet Underground* (»Roadrunner« verwendet nur zwei Akkorde – D und A und nur zwei Takte in denen ein E vorkommt – »Sister Ray« hingegen basiert auf drei Akkorden, aber beide haben den gleichen monotonen treibenden Rhythmus). Aber während »Sister Ray« ein paranoider Lobgesang auf einen bestimmten Typus korrupter Großstadtfiguren ist, die es nicht geregelt kriegen, handelt es sich bei »Roadrunner« um eine Art urbane Ode völlig anderer Art, ein Hochgesang auf das ziellose nächtliche Herumfahren mit dem Auto, bei offenem Fenster und aufgedrehtem Radio, ein Loblied auf die verkannte Schönheit der städtischen Welt, speziell der Vororte von Boston. Das Einzählen am Beginn des Liedes (»One-two-three-four-five-six«) wirkt wie eine freudige Ankündigung des folgenden Texts: eine völlig ohne Ironie dargebrachte Huldigung des scheinbar Banalen, letztlich aber doch Schönen, ein Akt ungefilterter poetischer Verehrung.

Jonathan Richman musste Lou Reed anbeten, ihn nachmachen, um letztlich dann zu Jonathan Richman zu werden, zum unverwechselbaren Jonathan Richman.

Dem Ganzen liegt natürlich die Annahme zugrunde, dass Einzigartigkeit in Werk und Handeln besser ist als Konformität. Die meisten Menschen leben nicht nach dieser Maxime, immer die gleiche Leier (die gleichen Meinungen, Gewohnheiten und billigen Vergnügungen), die ihren Niederschlag in der Monotonie der literarischen Welt findet, in der ich meine Brötchen verdiene, wo die immer gleichen Bücher geschrieben werden, die von den immer gleichen üblichen Verdächtigen gelobt und von den gleichen Lesern rezipiert und dann vergessen werden. (»Die meisten Autoren (und Leser) sind sich der Tatsache nicht bewusst, dass die Sätze, die sie schreiben (und lesen) eine eigene Melodie haben«, schrieb Allen Ginsberg, »und da sie sich darum nicht scheren, kommt die immer gleiche unpersönliche Prosa am Ende dabei raus, die von keinem Menschen zu stammen scheint, eine Art bürokratische Prosa.«)

Selbst wenn sich jemand die Mühe macht, anders als andere zu sein (»Wenn ich wie die anderen singe«, sagte Billie Holiday, »dann brauche ich überhaupt nicht zu singen.«), dann gelingt das nicht gleichsam nebenher. Wie e.e. cummings zutreffend feststellte: »Wenn man in einer Welt, die es darauf anlegt, dass man sich von anderen nicht unterscheidet, man selbst bleiben möchte, so zieht man in den härtesten aller Kämpfe und dieser Kampf hört nie auf.« Oder wie Thoreau es formulierte: »Lieber sitze ich allein auf einem Kürbis, als umgeben von anderen auf samtenen Kissen.« Aber inzwischen ist es wissenschaftlich nachgewiesen, dass es auf Dauer für das Hinterteil ungesund ist, auf einem Kürbis zu sitzen. Und wie wir alle wissen, wenn der Hintern schmerzt, dann schmerzt der ganze Körper.

Gene Clark war ein unermüdlicher Kämpfer – bis er letztlich dem Heroin verfiel und vor den Produzenten der Musikindustrie von L.A. kapitulierte, die komische Ideen entwickelten, wie einer der besten Singer-Songwriter klingen sollte, nachdem sie mit der Anpassung der *Bee Gees* an den Discosound erfolgreich gewesen waren. Man kann die Musik von Gene Clark auf anderen Platten genießen von den *Byrds,* von *Dillard & Clark,* und auch auf seinen eigenen Alben, keiner schrieb derart wunderbar meisterliche Melodien in Moll mit Texten, die wie ein Rorschachtest wirken. Auch als jede seiner neuen Platten von den richtigen Leuten gelobt und von den treuen Fans verehrt wurde (deren aufrichtige Verehrung am meisten zählt), verstaubten sie in den Plattenläden und wurden dann en masse zurückgeschickt in die ewige Lagerhalle der unverkäuflichen Waren. Dennoch ließ er sich nicht abbringen, er produzierte mehr wunderbare Ideen als auf jede LP passten. Ein gutes Beispiel ist das Album *No*

Other aus dem Jahr 1974, eine herrliche Platte und zugleich unheimlich vertrackt (mit einem kaum nachvollziehbaren verzwickten Duett), das ungefähr 47 Leute vom Hocker gehauen hat, wofür ihm zum Dank seine Plattenfirma den Vertrag kündigte. Ohne Plattenvertrag (und während ein verdammter Peter Frampton Millionen Platten verkaufte) spielte Gene in kleinen Clubs vor hundert Leuten (während seine ehemaligen Kollegen Baseballstadien füllten), ohne Unterstützung durch ein professionelles Management (stattdessen drei Leute mit ihren Instrumenten in einem Tourbus über Tausende von Meilen nachts auf dem Highway, sodass sich genau die richtige Stimmung für diese Ochsentour aufbaute) und war mit seiner akustischen Gitarre und der Mundharmonika unterwegs, begleitet von einem Bassisten und einem Gitarristen, und gab nicht auf, egal ob die Welt seine Musik hören wollte oder nicht. Man braucht nur das Album *Live 75* zu nehmen (das – typisch – erst 2008 herauskam), um zu hören, wie das Alamo, wo die Platte aufgenommen wurde, für die drei Musiker eine ästhetische Erfahrung war und wie sie kämpften im vollen Bewusstsein, dass niemand kommen würde, um sie zu retten.

Und es kam auch niemand. Man kann auf Stahl beißen, aber das ruiniert die Zähne. Gene Clark hielt lange durch, bis ihm eines Tages das Gebiss rausfiel und der Stahl war noch da. Gene war fort. Nietzsche meinte, dass Missgeschicke den Geist schärfen, aber je mehr sie das tun, umso böser werden wir, doch Gott sei Dank, lullen sie uns manchmal auch nur ein.

Als seine Willenskraft nachließ – nach zu vielen Auseinandersetzungen mit den reichen Idioten der Musikindustrie, zu vielen One-Night-Stands mit dem dazugehörigen Ärger am nächsten Morgen und zu vielen seiner weit weniger begabten Kollegen, die ihre Miete zahlen und ihren Kindern Geburtstagsgeschenke kaufen konnten – war er nicht mehr der Alte (auch seine Musik hatte sich verändert); es blieben Prügeleien, Alkohol und ein paar Schleimer, die ihn ausnahmen. Offensichtlich hatte Clark nicht Irving Laytons Gedicht *Ratschlag für zwei junge Dichter* gelesen. Dort heißt es: »Eure Aufgabe ist es, die anderen zum Trinken und in den Wahnsinn zu treiben / nicht Euch selbst.« Selbstzerstörung mag nachvollziehbar sein, manchmal ist sie vielleicht unvermeidbar, aber sie ist nichts, wofür man Respekt verdient. Jeder dünnhäutige Dichter darf bemitleidet werden, aber man soll ihn nicht vergöttern, zumindest nicht für seine Dünnhäutigkeit. Man denke nur an Brian Wilson, die zentrale Figur der *Beach Boys,* und die nicht zustandegekommene Aufnahme seines geplanten Meisterwerks *Smile.*

Früher, wenn mir die Leute, die mich besuchten auf den Geist gingen, zog ich einen der inoffiziellen Mitschnitte von *Smile* raus, ohne den anderen zu sagen, wer da spielte. Es dauerte nicht lange, bis Songs wie »Do you like Worms« oder »I love to Say Da Da«

oder »Vega-Tables« oder irgendein anderes Stück aus der Feder von Brian Wilson und seinem Haustexter und Mitverschwörer Van Dyke Parks, die gemeinsam das nie erschienene Album geschaffen hatten, dazu führten, dass die Anwesenden mich fragten, was wir denn da hörten. Als ich wie nebenbei sagte: »Die *Beach Boys*«, kam fast immer ungläubig zurück: »Aber doch nicht DIE *Beach Boys*!?« – »Doch, eben diese.«

In den gewöhnlich gut informierten Kreisen erzählt man sich, dass Brian das bedauernswerte Opfer sei, der erste Ikarus des Rock 'n' Roll, ein mit Amphetaminen vollgestopfter Goldjunge des Radiozeitalters, der, als er es wagte eine »Teenager Symphonie für Gott« zu schreiben, zu nahe an die Sonne geriet und mit plattem Hirn und gebrochenem Ego zur Erde zurückfiel, wo er sich nie wieder erholte. Klingt wie das moralische Lehrstück einer Kultur, die Anpassung und Mittelmäßigkeit zum Kriterium des Erfolgs gemacht hat, oder wie eine bewegende Tragödie in den Ohren all jener Romantiker, für die übersteigerte Empfindsamkeit als edle ästhetische Haltung gilt. Das ist Unsinn.

Smile sollte die musikalische Krönung all dessen werden, was Brian Wilson der Welt zu bieten hatte, ein von den Harmonien her verzauberndes, lyrisch mutiges und völlig idiosynkratrisches Hörerlebnis für Verrückte, über das er zu einem Freund sagte: »Da will ich hin und das wird einigen Leuten Angst einjagen, wenn ich dorthin gelange.«

Dummerweise war er es, der am meisten Angst bekam. Sein Bruder Dennis erklärte das Scheitern von *Smile* und Brians Abstieg zu einer übergewichtigen, unbeweglichen Hülle jenes musikalischen Vorreiters, der er einmal war, als Folge des übermäßigen Drogenkonsums. Diese Erklärung ist so kurz wie einleuchtend, aber sie ist nur ein Teil der Geschichte. Die Drogen und insbesondere Amphetamine, Haschisch und LSD sind wichtige Variablen in der Gleichung, was einst stimulierend wirkte, förderte jetzt eine schreckliche Verlangsamung (und verstärkte Brians legendären Hang zum Perfektionismus bis zu dem Punkt, an dem er das Album *Smile* nicht veröffentlichen wollte aus Sorge, es sei noch nicht wirklich perfekt). Aber ebenso destruktiv wirkte die Gier – das Opiat mit dem höchsten Suchtpotenzial.

Schließlich führte das Drängen von Capitol Records, wo man neues Material von den *Beach Boys* wollte – irgendetwas von den *Beach Boys* – in Kombination mit Mike Loves (der Mann, der Brian während der Aufnahmen zu *Pet Sounds* gewarnt hatte: »Spiel nicht mit unserer Erfolgsformel herum.«) Herabsetzung von Brians musikalischen Experimenten und Van Dyke Parks intelligent impressionistischen Texten (die er als »Drogengeschwafel« abtat) dazu, dass die Reste von Selbstsicherheit, die von den Drogen noch übrig gelassen worden waren, auch noch zerbrachen. Das zentrale Stück des brillanten fragmentierten Zusammenschnitts der Originalversion von *Smile*, wie sie von wahren Verehrern wie mir auf dem Schwarzmarkt erworben wurden und das auch auf jenen köstlichen dreißig Minuten der zweiten der fünf CDs von *Good Vibrations* zu hören ist, ist das Stück »Surf's Up«, ein gespenstisch melancholischer aber paradoxerweise zugleich aufrüttelnder Song, der darauf aus ist, das Image der Band als »Sonne-und-Spaß-Truppe« zu zerlegen und damit den Weg frei zu machen für die musikalische Revolution, die aus seiner Sicht angestanden hätte. Auf dem ursprünglichen Demoband hört man nur Brian am Piano. Die anderen Mitglieder der *Beach Boys* haben nie im Studio ihren Gesang dazugemixt. Brian hatte befürchtet, dass man ihn wegen der Musik auslachen würde.

Aber trotz der Position der Apologeten – die in Wilson einfach ein zu empfindsames Genie sehen, der durch die Philister, die das Album *Smile* aus der Geschichte des Rock 'n' Roll tilgten, zum Märtyrer der Kunst wurde – spielte er selbst doch eine zentrale Rolle in dieser Geschichte einer Verhinderung. Auch wenn Mike Love und Brian Wilson als Schurke und Held in der Tragödie um das Album erscheinen, so ist Brian doch ein Held mit einer tragischen Note. Die Offenheit und kindliche Haltung, die eine Grundlage für seine künstlerische Einzigartigkeit waren, prägten zugleich auch die Rückseite seiner Person, eine Verletzlichkeit und unglaubliche Passivität, die es berechnend vorgehenden Clowns wie Mike Love ermöglichten, ihn von der Umsetzung seiner musikalischen Visionen abzuhalten. »Ambitionen sollten aus festem Stoff sein«, schrieb Shakespeare. Als die Puristen der Folkmusik in England *Bob Dylan and the Hawks* ausbuhten, weil sie mit Verstärkern auftauchten, hat Dylan deswegen keineswegs seine Telecaster aus der Hand gelegt und sich unter die Bettdecke in Amerika zurückgezogen. Er brüllte zurück. Ziemlich laut.

HUMOR

Ein Tag ist dann wirklich verloren zu nennen, wenn man kein einziges Mal gelacht hat.
CATULL

Wir können uns darauf verlassen, in jeder schwierigen Lebensphase immer auf den genau passenden Autor zu stoßen. Mit zweiundzwanzig Jahren, als frischer Studienabbrecher, belud ich für 6,50 Dollar die Stunde Lastwägen anstatt mich mit dem Gehalt von Kants Kategorischem Imperativ zu beschäftigen und entsprechend stolperte ich über Charles Bukowskis Buch *Love is a Dog from Hell.*

Was ich damals dringend benötigte – und was Bukowski mir im Überfluss lieferte – war eine Literatur, die überquoll von Humor, Selbstbewusstsein und deftigen Sprüchen. In seinem Buch war das alles in einfachen aber ansprechenden Worten vorhanden, die richtige Kur für mein akademisch vertrocknetes Hirn. Ein Autor ist letztendlich identisch mit seiner Stimme, mit dem Tonfall, in dem er schreibt, ebenso wie unsere Freunde sich nicht auf ihre berufliche Tätigkeit oder elterliche Abstammung oder irgendwelche Werthaltungen reduzieren lassen, sondern sie für uns die Summe all dessen sind, wie wir sie tagtäglich erleben. Bukowskis Stimme – frohgemut, misanthropisch, brachial romantisch, voller Stolz ungehobelt – wurde für mich zum Freund, der mich aufbaute, mein Rückgrat stärkte in Zeiten, als ich tagsüber einen miesen Job machte und nach langen Nächten nicht wusste, wohin mein Leben führen sollte.

»Gesunder Menschenverstand und Humor sind das Gleiche nur mit unterschiedlichen Geschwindigkeiten«, so kann man bei William James lesen. »Der Humor ist Common Sense der tanzt.« Charles Bukowskis Lyrik und Prosa waren erfrischend ehrlich und unverstellt – was war die Literatur, die ich bisher gelesen hatte, dagegen doch aufgesetzt und unaufrichtig! – und seine Texte tanzten den Ernsthaften und Weihevollen, den Hauptfeinden guter Kunst und guter Laune, auf der Nase herum. Ein gutes Beispiel ist sein Gedicht *doom and siesta time*, in dem der Erzähler geduldig seinem todesängstlichen und gesundheitsfixierten Freund zuhört, der ihm im Detail seinen neuen Lebensstil auseinandersetzt, worauf er ihm schließlich erwidert:

Aber ich will nicht die Gebühren
für das Fitnessstudio abführen.

Mit einem Brot,
voll Zwiebelwurst und Fett
geh ich ins Bett
nach Mitternacht.

Wenn ich schnarche und ratze
kreisen über meiner Matratze
Geier und Helikopter.

Genau, dachte ich mir, das bringt mein Leben auf den Punkt. Aber warum formulierte das niemand anders so – besonders nicht die hochgeschätzten Schwerliteraten?

»Am erstaunlichsten«, schrieb George Saintsbury, »ist die geradezu ungezügelte Feindseligkeit, die Humor bei jenen Menschen auslöst, denen er völlig abgeht.« Feindseligkeit und Unverständnis. Bevor Mordecai Richler zum vom Establishment anerkannten Literaten in Kanada wurde – eine Illustrierten-Persönlichkeit, auf die man immer verweisen konnte, wenn es darum ging, ob auch dieses Land populäre Volkshelden hat – wurde er von eben jenem literarischen Establishment regelmäßig als Verfasser lediglich »lustiger« Bücher missachtet, eine nette aber unwichtige Randerscheinung des Literaturbetriebs, alles andere als ein ernsthafter Schriftsteller und kein Vergleich mit Marian Engel oder Rudy Wiebe oder Ethel Wilson. Es ist im Wesentlichen ein Ausdruck intellektueller Unsicherheit, wenn man nicht in der Lage ist, etwas als gleichzeitig humorvoll und inhaltlich bedeutsam zu akzeptieren. Immer wenn man sich einer Sache unsicher ist, verhält man sich am besten so, als wäre alles klar und sicher. Man verhalte sich mit anderen Worten intelligent. Ernsthaft. Nüchtern. Sogar schlecht gelaunt (denn Menschen, die eine schwere intellektuelle Last schultern müssen, sinken oft unter ihr zusammen – man betrachte nur die vom Leiden geprägten Fotos der Autoren). Das Gleiche gilt natürlich auch für die Leserschaft: Langeweile und Eintönigkeit im Tonfall sind der geringe Preis, den man dafür zahlt, sich zur Klasse der Leser ernsthafter Bücher zählen zu dürfen. Lawrence Sterne definierte Ernsthaftigkeit als »einen mysteriösen körperlichen Zustand, der geistige Defekte übertünchen hilft«. Und zwar Defekte, die sich direkt auf die Lebensqualität auswirken.

Francis Bacon meinte hierzu: »Die Vorstellungskraft ward dem Menschen gegeben, um das zu ergänzen, was er nicht ist; der Sinn für Humor hilft ihm, das zu ertragen, was er ist.« Eine der größten Gaben, die wir dem Sinn für Humor verdanken, ist die Fähigkeit, der Wahrheit ins Auge zu schauen – sowohl der Wahrheit über uns selbst als auch der Wahrheit über die Welt – und uns nicht in Pessimismus und Verzweiflung zu ergehen. Man kann die Sonnenfinsternis betrachten, ohne dabei zu erblinden. Die Fähigkeit, über Schmerzliches zu lachen, ist eine Art psychologisches Schattenboxen und ohne dieses Fähigkeit wären wir nicht in der Lage, die dunklen Seiten des Lebens wahrzunehmen, was der mittelmäßigen Kunst meist nicht gelingt, und dabei die Hoffnung zu hegen, dass der Blick zum Himmel und ein nüchterner Gesichtsausdruck uns für die Oberflächlichkeit unseres Empfindens entschädigen.

Anthony Burgess war ein lustiger Autor. In einem Buch wie *Uhrwerk Orange* beispielsweise beschäftigte er sich unter anderem mit dem Problem des freien Willens und der Gegenposition des Behaviorismus, mit der Frage, ob man Gewalt schätzt oder abstoßend findet, mit dem Prozess der persönlichen Reifung, aber er tat das auf eine durchaus amüsante Art und Weise – keineswegs um damit die Ernsthaftigkeit dieser Themen zu mindern, sondern um den Leser an die Problematik heranzuführen und ihm zu einem besseren Verständnis zu verhelfen. Seine Ästhetik – oder man ist fast versucht, hier von seiner Erkenntnistheorie zu sprechen – findet sich wieder in seiner Darstellung der Geschichte dieses Romans, insbesondere in seinem Ärger über die Streichung des letzten, zentralen einundzwanzigsten Kapitels des Buchs (»Einundzwanzig ist das Symbol der Reife ... diese einundzwanzig Kapitel waren für mich wichtig.«) durch seinen amerikanischen Verleger. Er sah sich jedoch seinerzeit genötigt, diese Kürzung hinzunehmen (»Ich brauchte damals

1961 das Geld, selbst die paar Kröten, die mir als Vorschuss angeboten wurden.«):

> Als Kubrick das Buch verfilmte, orientierte er sich – obwohl er der Film in England drehte – an der amerikanischen Ausgabe und für sein Publikum außerhalb der USA endete der Film etwas unvermittelt. Die Zuschauer verlangten zwar nicht unbedingt ihr Geld zurück, nachdem sie den Film gesehen hatten, aber man fragte sich, warum Kubrick den Schluss weggelassen hatte. Ich bekam Briefe von Lesern, die dieses Thema ansprachen, und in der Folge habe ich viel Zeit damit verbracht, hektographierte Antworten bezüglich meiner Absichten und ihrer Nichtberücksichtigung zu versenden, während Kubrick und mein New Yorker Verleger sich auf ihren Lorbeeren ausruhten, die sie ihrem Fehlverhalten verdankten. Das Leben ist, wie nicht anders zu erwarten, schrecklich.

Nein, ist es nicht – wiewohl es manchmal durchaus schrecklich sein kann: ein nicht zu leugnendes Paradox, das uns Burgess auf wunderbare Weise vor Augen führt.

Man muss keinen Roman oder Essay über die Geschichte der Publikation dieses Werks schreiben, um den zentralen Punkt zu begreifen – ein jeder Mensch greift auf diese Strategien zurück, um zu überleben, man lacht und kämpft (statt zu fluchen und zu kapitulieren). »Die menschliche Rasse hat nur eine wirksame

Waffe und das ist das Lachen«, schrieb Mark Twain. Eine wesentliche Wirkung dieser Waffe ist, dass sie uns eine Perspektive eröffnet, was nicht gerade eine Stärke des Homo sapiens ist, besonders wenn er zu viel Kaffee getrunken hat und es vier Uhr morgens ist. »Der Humor«, so die Schlussfolgerung von Christopher Morley, »ist vielleicht so etwas wie eine intellektuelle Perspektive: das Bewusstsein, dass manche Dinge wirklich wichtig sind und andere nicht und dass beide im Alltag auf unentwirrbare Weise verwoben sind.« Der Autor und Forscher William Beebe besuchte regelmäßig Theodore Roosevelt und beide unternahmen nach dem Essen gemeinsam einen Spaziergang. Irgendwann auf diesem Spaziergang eröffnete einer von beiden ihr gemeinsames Ritual. Entweder Roosevelt oder Beebe schaute in den nächtlichen Sternenhimmel und sagte dann zum Beispiel: »Dies ist der Spiralnebel Andromeda. Der ist so groß wie unsere Milchstraße und eine von hundert Millionen Galaxien. Er ist 750.000 Lichtjahre entfernt und besteht aus hundert Milliarden Sonnen, jede größer als unsere Sonne.« Danach kehrte Schweigen ein. Irgendwann kommentierte dann einer von beiden: »Also ich glaube, wir sind klein genug. Gehen wir zu Bett.«

Ein angenehmer Nebeneffekt der Bescheidenheit, die man durch eine humoristische Sichtweise erwirbt, ist die Entzauberung jeder Art von Fundamentalismus, sei er religiöser, politischer oder moralischer Natur.

»Ich habe mein Leben lang keinen Fanatiker getroffen, der über Humor verfügte«, stellt Amoz Oz in seinem Text *Wie man Fanatiker kuriert* fest. »Auch habe ich keinen Menschen erlebt, der über einen Sinn für Humor verfügte und zum Fanatiker wurde, es sei denn, er verlor diesen Sinn für Humor.« Dass dem so ist, liegt laut Oz daran, dass »Humor die Fähigkeit vermittelt, über uns selbst zu lachen. Humor bedeutet Relativismus, bedeutet die Fähigkeit, sich selbst mit den Augen der anderen zu sehen, bedeutet, dass egal wie sehr man im Recht ist oder sich geirrt hat, man dem Leben immer noch eine komische Seite abgewinnen kann.« Milan Kundera behauptet, er habe einen Undercoveragenten der tschechischen Kommunistischen Partei immer daran erkannt, dass er keinen Sinn für Humor hatte. Ich orientiere mich in ähnlicher Weise, wenn ich überlege, ob ich einen Menschen zum Freund haben möchte oder nicht.

Humor hilft uns – und versöhnt uns – mit den Absurditäten der alltäglichen Existenz. Meine Frau ist eine ausgezeichnete Autofahrerin – mit ihr hinterm Steuer fühlte ich mich selbst in den schlimmsten Gewittern, Schneestürmen oder auf den Highways von L.A. sicher – aber wenn das Auto, das wir mieten, ein entsprechend gutes Radio hat, besteht sie für gewöhnlich darauf, dass ich die verschiedenen Comedy-Sender nach guten Stand-up-Darstellern absuche. Und dann ist es, als führe man mit einem Epileptiker, der die Straßenkarte im Licht eines Stroboskops liest. In der einen Sekunde fährt sie lächelnd, gelegentlich lacht sie, in der nächsten – wenn der Komiker wirklich gut ist – laufen ihr die Tränen aus den Augen, sie prustet vor Lachen und ich fürchte immer, dass sie von der Straße abkommt.

Ihre Lieblingskomiker – und damit die größte Gefährdung für unsere Sicherheit im Straßenverkehr – sind jene, die sich auf Alltagssituationen konzentrieren und diese derart aus einer schrägen Perspektive beobachten, dass alles Alltägliche von ihnen abfällt. Humor erlaubt diesen Blick aus der Ferne und ermöglicht es uns obendrein, in solchen Sketchen etwas von unserem eigenen Leben wiederzuerkennen, etwas, das immer schon da war, das uns vielleicht gefiel oder auch nicht, das wir aber nie richtig verstanden haben, bevor es der Komiker zur Kenntlichkeit verzerrt.

The Onion (Zwiebel) ist der Name einer amerikanischen Satirezeitschrift, die normale Zeitungskommentare und typische Agenturmeldungen parodiert. Der Witz besteht hier darin, dass alltägliche Geschehnisse als berichtenswerte Nachrichten präsentiert werden. E. B. White meinte, »Humor zu analysieren ist wie einen Frosch zu sezieren. Es interessiert wenige Menschen und am Ende ist der Frosch tot.« Hier zur Anschauung eine der Nachrichten aus dieser Zeitschrift, die unter dem Titel »Jugendlicher plant hemmungslos zu masturbieren« erschien – ein Titel, der die ganze

Agonie der männlichen jugendlichen Sexualität auf den Punkt bringt:

> SALEM, INDIANA – In einem Versuch, sich von einer mehrjährigen sexuellen Frustration zu befreien, plant der aus der hiesigen Gegend stammende Jugendliche Jeremy Royce am heutigen Abend eine wahnsinnige Masturbationsorgie.
>
> Die Masturbation, während der Royce durch autoerotische manuelle Manipulation zum Höhepunkt gelangen will, soll Royce, so hofft man, das sorgsam gestaltete Ventil für einen bisher nicht erkannten Zustand sexueller Erregung licfern, der 99,8 % seiner bisherigen Lebenszeit anhielt.
>
> Royce, ein Schüler der Mittelstufe der Brushwood Highschool im benachbarten Cedar Creek, steht kurz vor seinem sexuellen Reifepunkt, hatte aber bisher aufgrund sozioökonomischer Hindernisse wie Abhängigkeit von den Eltern, Akne und Ermangelung eines Autos keinen Zugang zur zweigeschlechtlichen Vereinigung.
>
> Aus informierten Kreisen wird berichtet, dass das heute Abend stattfindende Ereignis etwas Besonderes zu werden verspricht. Nachdem Royce sorgfältig das Fernsehprogramm dieses Monats studiert hat, stellte er fest, dass der heutige Abendfilm »N, SSI« d.h. Nackte und stark sexuellen Inhalt in Aussicht stellt. In dem Film mit dem Titel *Atlantic City* sieht man die hochdekorierte Schauspielerin Susan Sarandon, wie sie ihre nackten Brüste mit Zitronensaft einreibt.
>
> Royce hierzu: »Oh Mann!«

Worauf es letztlich beim Humor jedoch ankommt, ist seine sozial verbindende Funktion. Meine ältesten Freunde sind deshalb meine ältesten Freunde, weil wir zusammen lachen können (und wenn wir uns treffen machen wir – außer Musik hören – meist nichts anderes). Ich bin mit meiner Frau seit zwanzig Jahren zusammen und wir haben uns, Gott sei Dank, als Personen und als Paar verändert. Aber wir lachen immer noch sehr viel zusammen – vielleicht sogar mehr als früher, weil wir die Welt heute klarer sehen und daher mehr Gründe haben, zu lachen. Aber wir lachen immer noch über die gleichen Absurditäten, Widersprüche und Irrationalitäten. Und wie man sagt, dass man den wahren Wert einer Person an ihren Feinden erkennt, so kann man Goethe zustimmen, der meinte: »Nichts zeigt den Charakter eines Menschen besser, als das, worüber er lacht.«

Lachen ist die lauteste aller denkbaren Bestätigungen unserer tiefsten Empfindungen. »Die Erde lacht durch ihre Blumen«, schrieb Emerson. Und so sollten wir es auch halten.

SINN

Der Mensch – ein Wesen auf der Suche
nach Sinn.
PLATO

Wenn ich mich nicht mit sinnvoller Arbeit beschäftige, gerate ich in Schwierigkeiten. Wenn ich nicht an einem Buch arbeite – ein Buch, für das ich mich entschieden habe, weil sich das Buch für mich als Autor entschieden hat – wandert meine Aufmerksamkeit, Körper und Seele werden unruhig. Viele Schriftsteller sagen, dass das Schreiben an sich einfach ist, nur das tägliche Leben macht Schwierigkeiten. Für mich zumindest ist das tägliche Leben schwierig, denn, wie Shakespeare schrieb, ist das Leben oft »so langweilig wie eine zum zweiten Mal erzählte Geschichte / eine Beleidigung für das gelangweilte Ohr des müden Menschen«. Wenn man sich von morgens bis abends mit einer Sache beschäftigt (was nicht heißen muss, dass man die ganze Zeit bewusst daran denkt), dann hat man ein interessantes Leben, oder zumindest eines, das nicht ganz so langweilig ist.

Gäbe es kein Eishockey (und vor allen Dingen die Detroit Red Wings nicht), würde mein Vater vor Langeweile sterben. Nicht im übertragenen, sondern im wörtlichen Sinne. Als er im Sommer des Jahres 1996 wegen seines Prostataleidens unters Messer des Chirurgen musste, hatte ich weniger Sorgen wegen des Eingriffs als wegen seiner Genesung danach. Die Spielpausen der Hockeyliga überbrückte er immer mit Arbeit im Garten und Reparaturen im Haus, die man nur während der warmen Sommermonate durchführen konnte. Jetzt aber, wo er ans Bett und dann an die Couch gefesselt war, fürchtete ich, er würde anfangen über sein Leben zu grübeln (mein Vater hatte mit dreizehn Jahren angefangen zu arbeiten und seine Vorstellung von Erholung war die Autowäsche am Samstagvormittag). Ich wusste, dass er vor Angst nach der ersten Diagnose zehn Kilo abgenommen hatte, und wenn man ihm jetzt zwangsweise Ruhe verordnen würde, dann wäre das für seine Gesundung sicherlich nicht gut. Ohne die Aufregung eines spannenden Hockeymatches, bei dem zwei Spieler auch schon mal mit den Fäusten aufeinander losgehen, sollte er nun daliegen und die Klappe halten. Was ihn, glaube ich, rettete, war der zum ersten Mal ausgetragene Eishockey World

Cup, der in diesem Jahr bereits Anfang September begann. Kanada verlor gegen die Vereinigten Staaten in der letzten Runde und wir regten uns lange darüber am Telefon auf – ich lebte damals mit meiner Frau in Texas –, wir schimpften über die Schiedsrichter und den völlig unmöglichen amerikanischen Trainer. Es ist vermutlich nur eine geringe Übertreibung, wenn ich behaupte, dass die Ablehnung gegenüber allen Teams außer seiner – unserer – Mannschaft seine Genesung deutlich beschleunigte. »Wenn man sein eigenes Warum im Leben hat«, schrieb Nietzsche, »dann kommt man auch mit fast jedem Wie zurecht.«

Fest steht, der Körper lügt nicht, selbst wenn es nicht um Eishockey geht, sondern zum Beispiel ums Lesen. Als ich in meinen ersten Semestern zum ersten Mal Nietzsche begegnete, musste ich meine Ausgabe von *Also sprach Zarathustra* ab und zu beiseitelegen und ein paar Mal um meinen Schreibtisch herumlaufen, um meinen erregten Geist abzukühlen. Hier waren so viele neue Ideen, Einsichten und Beobachtungen, die auf meinen unentwickelten Geist einprasselten, die ich verarbeiten und aufnehmen musste, dass mir das Auf-und-Ab-Laufen als einzig sinnvolle Möglichkeit erschien. Vorher war mir Ähnliches nur in der Schulzeit widerfahren, als ich in einem Secondhandladen zwischen Kram und Möbeln das Buch *The portable Voltaire* entdeckt hatte. Zeilen wie »Das macht die Wahrheit aus: sie gilt für alle Zeiten, man muss sie nur erkennen und kann nichts gegen sie vorbringen« nötigten mich zwar nicht zu Ausflügen in den Garten meiner Eltern, aber sie ebneten mir den Weg in Richtung Universität und Philosophiestudium, selbst wenn mir die manchmal etwas überbordenden Argumente, die mit dem Erscheinen der Wahrheit einhergingen, alles andere als ideal vorkamen.

Wenn man durch geistige Anregung körperlich erregt wird, verblasst jede Art von Dilettantismus oder Fleißarbeit – wenn man vom Sinn erfasst wird, ist man absorbiert, konzentriert, ja überwältigt. Man nähert sich dem Zustand, den Paul Tillich meinte, als er von den »letztgültigen Themen« sprach: »etwas, das die gesamte Persönlichkeit erfasst« und »die Aufgabe aller anderen Dinge erfordert«. Ein solches Opfer wird glücklich dargebracht, so wie Paul Klee es in seiner fröhlichen Beschreibung der eigenen Erfahrung schildert: »Die Farbe besitzt mich. Ich muss ihr nicht folgen. Sie wird mich immer besitzen, ich weiß es. Hier liegt der Sinn der glücklichen Stunden: Die Farbe und ich sind eins. Ich bin ein Maler.« Ein Maler und zugleich ein außerordentlich glücklicher, von dem was er tut faszinierter Mensch.

Auch Baudelaire war der Meinung, dass mit dem Erfassen der letztgültigen Themen das Dasein seine Bedeutung erhält, und seine Beschreibung dieses selbst herbeigeführten Gnadenzustands fällt nicht eben zimperlich aus:

Man muss immer trunken sein. Darauf kommt es an, das ist der springende Punkt. Um nicht die furchtbare Last der Zeit zu spüren, die eure Schultern zerbricht und euch zu Erde beugt, müsst ihr euch berauschen ohne Unterlass.
Aber womit? Mit Wein, mit Poesie oder mit Tugend, ganz nach eurem Geschmack. Aber berauscht euch. Und wenn ihr manchmal auf den Stufen eines Palasts, im grünen Gras eines Straßengrabens, in der trüben Einsamkeit eures Zimmers erwacht und die Trunkenheit schon schwächer geworden oder verschwunden ist, so fragt den Wind, die Welle, den Stern, den Vogel, die Uhr, alles, was flieht, alles, was seufzt, alles, was rollt, alles, was singt, alles, was spricht – fragt, welche Stunde es ist; und der der Wind, die Welle, der Stern, der Vogel, die Uhr werden euch antworten: »Es ist die Stunde des Rausches! Wollt ihr nicht die gemarterten Sklaven der Zeit sein, so berauscht euch unaufhörlich! Mit Wein, mit Poesie oder mit Tugend, ganz nach eurem Geschmack.«

Man kann schwer etwas gegen einen Rausch am Samstagabend einwenden, das Problem ist dann nur der Sonntagmorgen. Der Vollrausch ist das oft unglückliche Ergebnis der Formel: wenn ein bisschen sich gut anfühlt, dann muss sich mehr besser anfühlen. Joseph Conrads Held Marlowe im Roman *Herz der Finsternis*, tief im Dschungel, isoliert und ausgeschlossen, weiß, was es heißt, Sinn zu schaffen, wenn man ohne ihn lebt, auch wenn die meisten Menschen, die eine weniger abgeschiedene Existenz führen, dazu nicht in der Lage sind:

> Ihr könnt es nicht verstehen. Wie solltet ihr auch – mit festem Boden unter euren Füßen, von freundlichen Nachbarn umgeben, die bereit sind, euch schönzutun oder in den Rücken zu fallen, fröhlich dahintänzelnd zwischen dem Fleischer und dem Polizisten, im heiligen Abscheu vor Skandal, Galgen und Irrenhaus –, wie könnt ihr euch vorstellen, in welche urweltlichen Abgründe die ungehinderten Füße einen Mann tragen mögen, einfach infolge der Einsamkeit – der völligen Einsamkeit, ohne einen Polizisten – und des Schweigens, des völligen Schweigens, wo keine warnende Stimme eines Nachbarn zu hören ist, die von öffentlicher Meinung flüstert? Diese Kleinigkeiten machen den großen Unterschied aus. Sind sie einmal nicht mehr vorhanden, dann müsst ihr zu eurer eigenen Kraft Zuflucht nehmen, zu eurer eigenen Glaubensstärke.

Er versteht auch Kurtz, der zu weit gegangen war beim Versuch, sich gegen das Nichts abzuschotten, das einen westlich geprägten Geist im Dschungel umgibt:

> Elfenbein? Es war anzunehmen. Haufen davon. Berge davon. Der alte Lehmschuppen quoll davon über. Man hätte glauben können, kein einziger Zahn wäre über oder unter der Erde im ganzen Lande übrig geblieben. ... Ihr hättet ihn sagen hören sollen: »Mein Elfenbein«. O ja, ich

hörte ihn. »Meine Braut, mein Elfenbein, meine Station, mein Fluss, mein« – alles gehörte ihm.

Vom Größenwahn eines Penners, der sich predigend auf der Straße für Christus hält, bis zu den systematischen Säuberungen und Hungersnöten eines Stalin, der seine Aktionen mit dem unerschütterlichen Glauben an die zukünftige Diktatur des Proletariats rechtfertigte, kann der menschliche Hunger nach Sinn und Bedeutung auch in den Ruin führen. »Eines der ersten Anzeichen für einen drohenden Nervenzusammenbruch ist der Glaube, die eigene Arbeit sei schrecklich wichtig«, bemerkte Bertrand Russell. Unglücklicherweise realisieren die Verrückten nicht, dass sie verrückt sind, und bekämpfen oder bedauern all jene, die an ihrer fanatischen Wahrheit (oder ihrer geistigen Gesundheit) zweifeln. Niemand ist schlimmer – oder gefährlicher – als der frisch überzeugte Konvertit.

Es ist nicht nur die Intensität der eigenen Begeisterung, die möglicherweise problematisch werden kann – Baudelaire hätte vermutlich gesagt, es sei egal, ob man sich an Wein, Poesie oder Tugend geistig aufrichtet, aber er musste nie während der Fußballweltmeisterschaft in Toronto leben. Zwei Wochen Fahnenschwingen, Trillerpfeifen und ohrenbetäubender Krach aus Tröten genügen, um Dr. Johnsons These zu bestätigen: »Patriotismus ist die letzte Zuflucht der Schurken.« Wir haben gewonnen! Mein Land! Gott ist an unserer

Seite; aber was bedeutet dieses ganze spirituelle Getue? Gut, das Team aus dem eigenen Land hat gewonnen und man hat selbst nichts dazu beigetragen; man ist dort zufällig zur Welt gekommen, weil die Eltern dort gerade gevögelt haben, und trotzdem glaubt jeder, dass Gott auf der Seite des Vaterlandes ist, so wie alle glauben, ihre Kultur sei die Hüterin von Ehre, Anstand und Wahrheit.

Vorurteile sind möglicherweise, wie William Hazlitt feststellt, »ein Kind der Ignoranz«, aber sie sind langlebig und weitverbreitet. Als ich mit meiner Frau in den Südwesten von Texas zog, um dort zu studieren, war die einzige rassistisch motivierte Voreingenommenheit, mit der wir es bis dato zu tun gehabt hatten, die zwischen Schwarzen und Weißen, die wir aus Wichita, Kansas, kannten. Das Leben in Texas lehrte mich, dass es in Ermangelung einer (zumindest für die Vereinigten Staaten) üblichen schwarzen Bevölkerung andere Möglichkeiten gibt, die Dynamik der Vorurteile in Gang zu halten, um die Überlegenheit gegenüber anderen zu demonstrieren (und sich dadurch selbst besser zu fühlen). Da es keine Schwarzen gab, schauten die ärmeren weißen Bevölkerungsschichten in Texas einfach auf die mexikanisch-stämmigen Mitbürger herab oder, wenn es sein musste, auf die Weißen, die noch ärmer waren als sie selbst. »Tief sitzender Hass kann einem leeren Leben Sinn verleihen«, schrieb Eric Hoffer in seiner Untersuchung über (religiöse und andere)

Formen des Glaubens unter dem Titel *Die wahren Gläubigen*. Es ist wenig verwunderlich, dass die offensichtlichsten Formen rassistischer Vorurteile, wie sie der Ku-Klux-Klan repräsentiert, in erster Linie von den sozial und ökonomisch benachteiligten Schichten praktiziert werden, die sich dabei auf den verkehrten Gegner konzentrieren, statt sich gegen jene Kräfte zu wenden, die für ihre ökonomische Randständigkeit verantwortlich sind. »Es ist verletzend, wenn man die selbst empfundenen Erniedrigung auf andere abschiebt«, heißt es bei Simone Weil.

Selbst die gut gemeinten, wiewohl ebenso moralisch verwerflichen menschlichen Verhaltensmuster lassen sich auf ein Defizit zurückführen, dem ein bewusst gewählter Sinn beigemessen wird. Viktor Frankl glaubte, dass »die Suche nach dem Sinn im eigenen Leben die hauptsächliche Triebkraft des Menschen ist«. Dummerweise aber »sagt ihm kein Instinkt, wie er das bewerkstelligen kann und (in zunehmendem Maße) versagt hier auch die Tradition; bald wird er nicht mehr wissen, was er tun möchte. Zunehmend wird er tun, was andere ihm sagen, und damit wird er zum Opfer des Konformismus.« Also enden wir, wie Samuel Butler beobachtete, mit einer Überzahl an »Menschen, denen es wichtiger ist, dass man ihnen sicheren Geschmack zuschreibt, statt sich darum zu sorgen, dass sie gut, klug und liebenswürdig sind«. Das Inferno des exzessiven Patriotismus und der konservativen ethischen Konventionalität glüht immer dann am stärksten, wenn es von sozialen Unruhen oder persönlichen Problemen befeuert wird.

Und dennoch brauchen wir es. Wir müssen trunken werden. Möglichst dauerhaft, wie Baudelaire empfahl. Und das obwohl wir wissen, dass dies nicht unser natürlicher Zustand ist und dass wir am nächsten Morgen einen ziemlichen Kater haben werden. Zumindest sollten wir das wissen. Denn das Wissen um die Belanglosigkeit der erhebenden Kräfte des Glaubens und der damit einhergehenden Erregung schützt vor Fanatismus, Selbstüberschätzung und Einäugigkeit. Die Aufrechterhaltung der Balance zwischen unseren engagierten Überzeugungen und der Einsicht in ihre letztliche Belanglosigkeit ist schwierig, sollte aber unser Ziel sein, wie Bertrand Russell in seinem Essay *A Free Man's Worship* riet:

> Der Mensch ist das Produkt von Kräften, die kein Ziel verfolgen; seine Ursprünge, sein Wachstum, seine Hoffnungen und Ängste, seine Liebe und sein Glauben sind das Ergebnis zufälliger atomarer Bewegungen. Kein Feuer, kein heroisches Handeln, kein noch so intensiver Gedanke kann das menschliche Leben über das Grab hinaus retten; alle Anstrengungen über die Generationen hinweg, alles Engagement und alle Inspiration, das Leuchten des menschlichen Geistes werden mit dem Ende des Sonnensystems verglühen und das mächtige Gebäude der menschlichen Errungenschaften wird im

Schutt und den Ruinen des Universums verschwinden – all das, auch wenn man darüber streiten mag, ist so gewiss, dass keine Philosophie, die diese Tatsachen nicht anerkennt, bestehen kann. Nur im Gerüst dieser Wahrheiten, auf dem sicheren Fundament dieser unumgänglichen Verzweiflung kann unsere Seele hinfort ihren Ort finden.

Perfekt – bis auf einen Punkt. Das Fundament ist nicht sicher und auch das, was wir darauf aufbauen. Es gibt ein Fundament und das Haus steht immer noch, aber es besteht nicht aus Betonblöcken, wie wir es uns wünschen, und keiner weiß, wie lange es halten wird. Aber es ist die einzige Behausung, die wir haben, und manche haben nicht einmal das. Abgesehen davon, auch wenn es etwas heruntergekommen und wackelig ist, es hat doch seinen eigenen Charme, ähnlich dem Haus, das Edna St. Vicent Millay in ihrem Gedicht *Die zweite Feige* beschreibt: »Sicher auf dem festen Fels steht das hässliche Haus: / Komm und sieh meinen strahlenden Palast / gebaut auf Sand.« Und dann, nach dem Besuch, bauen Sie sich Ihren eigenen Palast. Der nächste Winter kommt bestimmt und die Nächte werden länger.

FREUNDSCHAFT

Vielen Dank, Freunde.
ALEX CHILTON

Er war loyal – unzählige Male hat er mich, wenn er mich bedroht sah, mit grimmiger Miene verteidigt. Er war ein wunderbarer Begleiter – es gab nur einen anderen, mit dem ich stundenlang gemeinsam sitzen und arbeiten konnte, ohne auch nur im Geringsten unangenehme Empfindungen zu entwickeln. Abgesehen von seinem Ende, als ihn ein brutaler Krebs zu früh hinwegraffte, war er immer aufmunternd, enthusiastisch und voller Energie. Was will man mehr von einem Freund? Es stimmt, er ging immer nach draußen zum Pinkeln und wälzte sich während unserer Spaziergänge in den Haufen, die von den Kojoten zurückgelassen wurden. Aber man nimmt seine Freunde so, wie sie sind. Was man ihm hoch anrechnen muss, ist die Tatsache, dass er keinerlei Kommentare abgab als ich zu Beginn der Neunziger mit einer Felljacke herumlief, und immer tat er so, als merkte er nicht, dass ab dem dreißigsten Lebensjahr meine Haare auf dem Kopf immer spärlicher wurden.

Tennessee Williams gestand einmal, dass er nie während einer Aufführung von *Hamlet* oder *König Lear* geweint habe, aber dass ihn selbst die melodramatischsten B-Movies mit misshandelten und rotwangigen Waisenkindern sofort zu Tränen rühren konnten. Mir geht es genauso, eben nur mit Tieren, besonders mit Hunden und ganz besonders mit dem oben erwähnten Barney, der sich im Kojotendung wälzte und seinem Gott sei Dank noch sehr lebendigen Nachfolger Henry. Dabei handelt es sich zum Teil um hemmungslose Sentimentalität, eine spontane Reaktion, wie sie jeder von uns im Angesicht von eindeutig guten oder schlechten Taten gegen offensichtlich unschuldige Wesen kennt – übrigens die gleiche psychische Reaktion, die aller schlechten Kunst zugrunde liegt. Aber es liegt auch daran, dass ich mich meistens in der Gegenwart von Hunden wohler fühle als mit Menschen.

In einem Hotel in Südamerika, in dem meine Frau und ich einmal übernachteten, hing ein Schild über der Rezeption, auf dem zu lesen stand: KEIN ALKOHOL, KEINE ZIGARETTEN, KEINE SCHLÄGEREIEN, FLUCHEN VERBOTEN, HUNDE IMMER WILL-

KOMMEN. Vermutlich war dieses Schild als Witz gedacht – obwohl mich drei Jahre in Texas gelehrt haben, dass man nichts, was sich weiter im Süden abspielt, von Haus aus als lustig oder ironisch gemeint verstehen sollte. Aber die eigentliche Botschaft dieses Schildes hätte nicht deutlicher formuliert werden können. Hunde geben kein falsches Alter an, um anderen Hunden zu imponieren. Sie schreien in der Öffentlichkeit nicht in ihre Handys. Sie schauen nicht *Deutschland sucht den Superstar*, lesen keine Bestseller und kaufen keine Platten von Andre Rieu. Byron wusste das, auch wenn er zweihundert Jahre zu früh lebte, um das Entstehen der Fast-Food-Musik zu erleben. Hier ein Zitat aus seinem Text *Inschrift auf dem Denkmal für einen Neufundländer:*

… der arme Hund, zu Lebzeiten der beste Freund,
der Erste, der einen begrüßte und verteidigte,
dessen aufrichtiges Herz für seinen Herren schlug,
der litt, kämpfte und fiel, unerkannt in seinem Wert, der Himmel wird seiner Seele versagt,
    die er hienieden hatte:
Oh Mensch, du falsches Insekt, hoffst auf Vergebung
    und behältst den Himmel dir alleine vor.
Oh Mensch, du schwaches Erdenwesen,
erniedrigt als Sklave, verdorben durch Macht,
wer dich kennt, wendet sich mit Abscheu von dir ab, du
    beseelter Staub.
Deine Liebe ist Lust, deine Freundschaft Betrug,

> dein Lächeln verlogen, deine Worte nur Täuschung.
> Von Natur aus abstoßend, geadelt nur durch deinen
> Namen,
> vor dem niedrigsten Wesen solltest vor Scham du
> erröten.

Nun sagt man zwar, dass Hunde eine angenehme Gesellschaft für den Menschen seien, und sie mögen gute Beschützer abgeben, aber kein Hund hat Shakespeares Stücke geschrieben, Monets Seerosen gemalt oder gar Beethovens Symphonien komponiert. Es stimmt, gelegentlich haben Menschen ihre gegengreifenden Daumen und ihr großvolumiges Gehirn in den Dienst einer guten Sache gestellt. Immer wenn ich mit menschlichem Neid, Oberflächlichkeit oder schlichter Dummheit konfrontiert bin, möchte ich auf alle viere niedersinken und meine Mitgliedschaft in der Gattung Homo sapiens zurückgeben. Aber dann denke ich an das Album *Pet Sound* der *Beach Boys* und dann geht es wieder. Jede Spezies, die einen Song wie »God only knows« hervorbringt, kann nicht ganz schlecht sein. Manchmal behandeln wir uns auch gegenseitig gut und legen ein erstaunliches moralisches Talent an den Tag, das wir im Alltag viel zu wenig nutzen. Relativ häufig richtet sich unsere Großherzigkeit auf Mitglieder einer anderen Spezies, wie es der längst verstorbene Hund in Robinson Jeffers Gedicht *Das Grab des Haushunds* wohl wusste.

Ich kann nicht mehr neben dir am Kamin liegen,
auf dem warmen Stein
nicht mehr am Fuß deines Bettes; die ganze Nacht über
liege ich allein.

Aber freundlich hast du mir ein flaches Grab vor deinem
Fenster bereitet, wo sich die Flammen des Kamins
spiegeln,
Und wo du sitzt und liest – und wie ich fürchte,
manchmal um mich trauerst.
Jeden Abend scheint die Laterne deines Hauses auf mein
Grab.

Ich hoffe, dass du, wenn du eines Tages unter der Erde
liegst, ein ebenso erfülltes Leben hattest wie ich.
Nein, das ist zu viel der Hoffnung, um dich kümmert
sich keiner so wie du einst um mich.

Ausnahmen bestätigen die Regel, aber für gewöhnlich behandeln Menschen ihre tierischen Begleiter besser als ihre Artgenossen. Der Grund dafür ist einfach. »Tiere sind so angenehme Freunde«, schrieb George Eliot. »Sie stellen keine Fragen, sie kritisieren uns nicht.« Hunde halten uns nie für zu alt, um bei geschlossenem Fenster und aufgedrehter Anlage Luftgitarre zu spielen. Sie regen sich nicht auf, wenn wir abends vor dem Fernseher lümmeln, statt am Computer zu arbeiten. Sie legen uns nie nahe, endlich auf alkoholfreies Bier umzusteigen oder in ein Fitnessstudio zu gehen.

Aber es sind nicht nur unsere geschickten Finger und die große Masse an Gehirn, die uns von anderen Wesen abheben; es ist unser unstillbares Streben nach Dingen, die wir nie bekommen können. Dinge wie körperliche Unsterblichkeit. Oder moralische und ästhetische Perfektion. Oder bedingungslose Liebe – die Chimäre, der wir wohl am meisten hinterherjagen. Wahre Liebe ist schon selten genug, bedingungslos gibt es sie wenn dann nur zwischen Eltern und Kindern, in der idealistischen Philosophie und in Hollywoodfilmen. Mit einer einzigen Ausnahme. Und wie John Updike in seinem Gedicht *Der Tod eines weiteren Hundes* zeigt, aufrichtig und bis zum Schluss.

> Sie trottete steifen Fußes mit wedelndem Schwanz.
> Wir fanden einen Platz, der uns gefiel, am Rande des
> Pinienwaldes.
> Die Sonne schien, als sie döste, und ich grub;
> Ich bereitete ihr einen sicheren Platz während sie mich
> bewachte.
> Ich maß die Länge mit dem Stiel des Spatens;
> Sie quiekte vor Freude und schnüffelte an der frisch
> aufgeworfenen Erde,
> Wieder daheim schien sie lebendiger,
> Aber würgte an ihrem Futter. Ein paar Tage später
> holten wir den Tierarzt
> Sie und er kannten sich schon lange. Sie hielt ihm die
> Pfote hin und er spritzte ihr eine violette Flüssigkeit. Sie
> sank auf den Rasen hin,

Wir sahen sie schwer und schnell atmen, dann starb sie. Ihr Fell glänzte in der Sonne, als ich sie in der Schubkarre zum Erdloch fuhr.

Wer nicht versteht, dass mir Barneys schreckliche letzten Tage immer noch nahegehen oder warum ich auf dem Weg zu unserem Haus meinen Hut ziehe, wenn wir an dem Tierheim vorbeigehen, wo wir Henry geholt haben, dem fehlt nicht nur ein Verständnis für Hunde, sondern auch von Freundschaft. Es kommt hier nicht auf die Anzahl der Pfoten an.

Es gibt allerdings auch ein paar Zweibeiner, die mich über die Jahre hinweg beeindruckt haben. Eddie Webster war mein erster bester Freund. Seine Mutter war mit meiner Mutter befreundet und wenn Mrs. Webster meine Mutter besuchte, während unsere Väter in der Fabrik bei der Arbeit waren, kam Eddy für gewöhnlich mit. Eine meiner ersten Erinnerungen ist das Versteckspiel unter dem Tisch. Ich versteckte mich hinter den Beinen meiner Mutter und dann kam Eddie auf dem frisch gebohnerten Boden angerobbt und fragte: »Willst du spielen?« Ich war immer neidisch auf ihn, weil er tapfer und draufgängerisch war, was vermutlich daran lag, dass er zwei ältere Brüder hatte, die ihm als schlechtes Vorbild dienten und ihn nach Lust und Laune als Prügelknaben hernahmen.

Sean, ein Afroamerikaner aus der ersten Klasse, war mein erster Schulfreund. Seine Mutter zog ihn und seine Schwester alleine auf und sie hatte nicht genügend Geld, um ihm etwas für die Schulspeisung mitzugeben. Während wir anderen an unserer weißen oder mit Schokolade versetzten Milch nuckelten (ich wollte immer die Schokomilch haben, aber meine Mutter wollte das nicht), starrte er zum Fenster auf den schwarz geteerten Schulhof hinaus und tat, als sähe er uns nicht. Sein Leben war in jeder Hinsicht schlechter als meines – ich hatte mehr Spielzeug, eine bessere Sportausrüstung, eine Mutter und einen Vater – aber Sean wirkte nie neidisch oder verärgert und schien immer fröhlich zu sein, freute sich mehr als ich, wenn uns meine Mutter Plätzchen und Milch hinstellte, während wir Zeichentrickfilme im Fernsehen schauten oder wenn mein Vater mit uns draußen Fangen spielte.

Gary Bechard war der nächste. Auch wenn ihn Freund und Feind »Bubba« oder »Fettsack« oder (unsere ersten Versuche in Ironie) »Schmalhans« nannten, Gary war körperlich gesehen ein Juwel und ewiger Quell der Inspiration, unser bester Offensivverteidiger, ein unbezahlbarer Schatz, perfekter Schütze und die Stützte unserer 400 Meter Staffel (man kann das nachprüfen!). Auch wenn Eddie, Sean und Gary Gleichaltrige waren, so waren sie doch so etwas wie meine Lehrer. »Das Wachstum eines Menschen lässt sich am Chor seiner Freunde ablesen«, schrieb Emerson. Die drei brachten mich auf den Weg, aber der Chor war gerade erst dabei, sich warm zu singen.

Jamie Dalzall war der erste in der Reihe meiner besten Freunde, den ich bewusst als solchen bezeichnete. Er war ein guter Sportler, ein guter Schüler (darüber konnte man hinwegsehen) und bei allen beliebt, auch bei den Lehrern. Vor allen Dingen war er lustig. Er konnte Figuren aus dem Fernsehen nachmachen und so ziemlich alle Lehrer unserer Schule imitieren. Er erfand pfiffige Spitznamen für die anderen Schüler (und wenn einer mal den Spitznamen »Chilly Willy« weghatte, dann blieb ihm der auf Dauer). Nicht nur entdeckte er als Erster die Sendung von *Monty Python*, die jeden Samstagabend im Fernsehen lief, er besaß sogar eine Reihe von Platten der *Monty Pythons*, die wir uns immer wieder anhörten, sodass wir manche Sketche wie »The Cheese Shop« oder »The Undertaker« auswendig kannten, was die Platten praktisch überflüssig machte. Ich schärfte meinen Sinn für Humor, lernte andere zu imitieren, lernte, wie man eine Geschichte erzählt: wer hätte geahnt, dass ich hier meine Lehre als Schriftsteller begann? Soweit ich mich erinnere, schwankte ich damals zwischen einer Karriere als Mitglied der berittenen Polizei und einer Position als Linksaußen in einem Team der nationalen Eishockeyliga, der ordentlich reingrein, aber auch aufs Tor schießen konnte.

Jamie war der erste Freund, mit dem ich gemeinsam schweigen konnte. Das erschien mir damals noch nicht als ein besonders Merkmal von Freundschaft –

wir standen einfach nebeneinander auf Partys herum und betranken uns, weil wir keine Mädchen abbekommen hatten, oder er lieh sich das Auto seiner Eltern und wir fuhren am Sonntag nach dem Abendessen zu Burger King und lösten unsere Coupons »Zwei zum Preis von einem« ein, die wir aus der lokalen Zeitung ausgeschnitten hatten. Zwei gelangweilte Teenager aus der Vorstadt saßen wir im Auto, hörten Radio und verdrückten unsere Whopper – aber mit der Zeit lernt man, was es heißt, die Einsamkeit zu vermeiden und trotzdem (gemeinsam) die Klappe zu halten. Wie außergewöhnlich gemeinsam geteiltes Schweigen ist, bemerkte Emerson im Hinblick auf eine andere Besonderheit der Freundschaft, als er schrieb: »Es ist ein Segen, dass man mit alten Freunden sich dumm benehmen kann.« Jamie sah zu, wie ich eine Prügelei gegen einen Schwachkopf bei einem Schulfest verlor. Er akzeptierte meinen neuen glänzenden Ohrring. Er war Zeuge, wie ich mich für ein Mädchen zum Trottel machte, die es wirklich nicht verdiente. »Ein loyaler Freund ist mehr wert als tausend Verwandte«, heißt es bei Euripides. Und die Wahrscheinlichkeit, einen solchen zu finden, dürfte ähnlich gering sein.

Während des Studiums trat ich keiner Verbindung oder sonstigen Vereinigung bei und ging auch nicht zu den wirklich coolen Partys (vorausgesetzt ich hätte sie überhaupt entdeckt und wäre dort reingekommen). Alles, was ich las, für die Vorlesungen und auch sonst, vermittelte mir das Gefühl, dass ich Lichtjahre hinterher war, jedenfalls nicht dort, wo ich hätte sein wollen – sein *müssen* – und daher waren soziale Kontakte für mich nicht so wichtig wie der Kontakt mit den großen Geistern (in der Regel tote weiße Männer und Frauen). Aber wenn Abraham Maslow recht hat, und das Bedürfnis nach Freundschaft gleich nach den Grundbedürfnissen wie Essen, Trinken und Gesundheit kommt (Edith Wharton ging so weit, zu sagen, dass es »das Wichtigste im Leben ist, einen Freund in den Arm zu nehmen und seine Arbeit gut zu machen«), dann war es unvermeidlich, dass ich irgendwann meine Bücher zuklappen und ein Bier trinken wollte, das man gemeinsam mit einem anderen genießt. Ich lernte Brad Smith in einer Einführungsvorlesung über Moralphilosophie kennen. Die Voraussetzungen hätten nicht besser sein können.

Brad war einer wie ich, ein Philosophiestudent im fortgeschrittenen Semester, der sowohl mit Bach als auch mit *The Clash* etwas anfangen konnte, aber was uns wirklich verband, war, dass wir jung waren und gerne einen tranken. Gemeinsam schüttelten wir die letzten Reste unserer Schuljungenexistenz ab und bemühten uns, zu guten Kunden in möglichst allen Bars und Kneipen entlang der Queen West Street zu werden. Meistens stützten wir uns gegenseitig, während wir gemeinsam in Richtung Erwachsenwerden stolperten. Und möglicherweise war Brads Bereitschaft, mir hemmungslos und unbeschränkt auch weiterhin zuzuhören, wenn ich ihm die Ohren volljaulte, viel wichtiger als die Tatsache, dass ich das die ganze Zeit tat. Oder wie Epikur richtig bemerkte: »Es ist nicht so sehr die Tatsache, dass unser Freunde uns helfen, als vielmehr das sichere Wissen, dass sie uns helfen werden, wenn es sein muss.«

Wenn, wie Shakespeare schrieb, »die meiste Freundschaft vorgetäuscht und die Liebe meistens Verrücktheit« ist, dann ist die Wahrscheinlichkeit, dass beides gemeinsam in einer Person zusammentrifft, praktisch gleich null. Ich schätze mich daher überglücklich, dass meine Frau auch mein bester Freund ist (und, für einen Schriftsteller nicht weiter verwunderlich, meine erste und beste Leserin). Wenn ich morgens um vier vor Sorgen nicht schlafen kann, dann ist sie es, die ich aufwecke, um mein Unbehagen wegzureden. Wenn ich mich über irgendetwas, was ich getan habe oder was mir widerfahren ist, freue, dann teile ich es mit ihr und ich kann es erst dann wirklich begreifen, wenn sie es auch begriffen hat. Wenn ich nicht allein sein will, mir aber nicht nach reden ist, dann ist sie es, mit der ich meine Zeit verbringe.

Ich erwarte viel von ihr – sie soll meine einzige Geliebte sein, mein bester Freund, meine Gefährtin im Alltag, ich möchte, dass sie das ist, was Aristoteles eine wahren Freund nannte: »eine Seele in zwei Körpern«. Vielleicht verlangt man damit zu viel; die Anzahl der

Scheidungen, und schlimmer noch, der leeren Beziehungen, spricht eine deutliche Sprache. Vielleicht hatte auch Pascal recht, als er sagte: »Niemand spricht in unserer Gegenwart so, wie er in unserer Abwesenheit über uns spricht. Die menschlichen Beziehungen basieren auf dieser gegenseitigen Täuschung; und nur wenige Freundschaften würden ohne sie überleben.«

Wenn dem so ist, hoffe ich nur, dass ich nie höre, was sie über mich sagt, wenn sie glaubt, ich sei nicht da. Henry und ich brauchen sie so sehr. Ich hoffe, sie braucht uns auch.

EINSAMKEIT

In Einsamkeit sind wir endlich für uns allein.
LORD BYRON

Vielleicht bin ich ein wenig voreingenommen – ich war schließlich ein Einzelkind; bei großen Dinnerpartys habe ich mich nie wohlgefühlt, ebenso wenig bei Demonstrationen und therapeutischen Gruppensitzungen – ich fand es schon immer angenehmer, alleine als mit anderen zusammen zu sein. Natürlich gibt es Ausnahmen. »Es gibt Tage«, schrieb Colette, »an denen Einsamkeit wie ein schwerer Wein zu Kopf steigt, man ist berauscht von der Freiheit und an manchen Tagen wirkt sie wie ein bitterer Trank oder manchmal wie ein Gift und man möchte mit dem Kopf gegen die Wand rennen.« Zum Glück hat man für solche Tage Freunde, die uns vor einer Beule am Kopf bewahren. Aber Einsamkeit und Einsamkeit sind zweierlei. Und jeder wahre Freund würde Rilke zustimmen: »Ich halte das für eine der ehrenvollsten Aufgaben unter Freunden, dass man die Einsamkeit des anderen schützt und respektiert.«

Egal wie wenig Geld wir hatten und wie klein oder heruntergekommen das Haus war, in dem wir wohnten, meine Frau und ich bestanden immer darauf, dass ein jeder sein eigenes Arbeitszimmer hatte, das man abschließen konnte. Es gibt niemanden, mit dem ich so gerne zusammen bin, niemanden, den ich so lange ertragen kann, ohne tief durchatmen zu müssen, aber um es mit Thoreau zu sagen: »Ich denke, dass es mir gesundheitlich und geistig schaden würde, wenn ich nicht mindestens vier Stunden am Tag für mich allein sein kann – und für gewöhnlich ist es mehr – wo ich frei von allen weltlichen Verpflichtungen durch den Wald und die Berge streifen kann.« Ich bin ein besserer Freund, Gatte und Bürger – ruhiger, ansprechbarer, freundlicher – wenn ich ausreichend lang ohne meine Freunde, Frau oder Mitbürger sein kann. Wenn man zu viel Zeit in Gesellschaft verbringt, dann ist es, als würde man der Seele den Sauerstoff abdrehen. *Verachtung* ist als Haltung vielleicht etwas zu krass formuliert, aber ich bleibe der Meinung, dass die soziale Überlast, die das Alltagsleben mit sich bringt (zu Hause und in der Öffentlichkeit), immer wieder zu Irritationen und Ermüdung führen wird. Thoreau beschrieb das Problem folgendermaßen:

Das Sozialleben ist gemeinhin eher oberflächlich. Wir treffen uns für kurze Zeit, zu kurz, um einander wirklich wertschätzen zu können. Wir sehen uns dreimal täglich zum Essen und vermitteln dem anderen immer wieder den schalen Geschmack von altem Käse, denn etwas anderes sind wir nicht. Wir halten uns an Regeln, befolgen die freundliche Etikette, um dieses häufige Zusammentreffen erträglich zu gestalten und einen offenen Krieg zu vermeiden. Wir sehen uns auf dem Postamt und auf der Straße und abends vor dem Kamin; das Leben ist träge und wir stehen uns gegenseitig im Weg, stolpern übereinander und ich glaube, dass wir daher den Respekt voreinander verlieren. Weniger würde ausreichen, um alles Wichtige untereinander zu regeln.

Auch wenn Thoreau zum Säulenheiligen der Umweltbewegung geworden ist (und in geringerem Ausmaß auch zum Schutzpatron des zivilen Widerstands), liegt seine größte Bedeutung in der von ihm propagierten Unabhängigkeit des Denkens, die er darüber hinaus auch praktizierte (eine seltene Kombination). »Es schien, als wäre seine erste Reaktion auf eine Aussage«, so sein Freund Emerson, »ihr zu widersprechen, denn er hatte wenig Geduld mit der Beschränkung des täglichen Denkens.« Dementsprechend »stand einem kein Gefährte in voller Reinheit so nahe. ›Ich liebe Henry‹, meinte einer seiner Freunde, ›aber ich kann ihn nicht mögen; und wenn ich seinen Arm ergreife, dann ist es, als würde ich den Ast einer Ulme anfassen.‹« In wohl keinem Punkt stand und steht Thoreau noch heute so gegen die öffentliche Meinung wie in der Frage der Einsamkeit. Im Gegensatz zur allgemeinen Haltung, die das gehorsame Gruppenmitglied höher schätzt als das auf sich gestellte Individuum, gab Thoreau ganz offen zu:

> Ich finde es erbaulich, die meiste Zeit allein zu sein. Bin ich mit anderen zusammen, auch wenn es die Besten sind, dann lenkt mich das ab und ödet mich an. Ich habe nie einen Gefährten gefunden, der mir mehr gab als das, was mir die Einsamkeit gibt. Wenn wir reisen, sind wir meist einsamer als daheim in unserem Zimmer. Ein Mensch, der denkt oder arbeitet, ist immer einsam, egal wo er sich befindet. Man kann Einsamkeit nicht in Kilometern messen, die uns von unseren Gefährten trennen. Der gewissenhafte Student, der mitten in der Menge im College in Cambridge sitzt, ist so einsam wie ein Derwisch in der Wüste. Der Bauer kann den ganzen Tag allein auf dem Feld oder im Wald arbeiten, Heu machen, Holz hacken und sich nicht einsam fühlen, weil er beschäftigt ist. Aber wenn er des Abends nach Hause kommt, kann er sich nicht alleine in sein Zimmer setzen und seinen Gedanken nachhängen, er muss los, »Leute sehen« und sich erholen und, so denkt er, sich für seine den ganzen Tag über erfahrene Einsamkeit schadlos halten. Und so wundert er sich dann, wie der Student alleine den ganzen Tag und die ganze Nacht über zu Hause in seinem Zimmer sitzen kann, ohne dass ihm

dabei langweilig wird, denn wenn er zu Hause in seinem Zimmer sitzt, dann arbeitet er auch, das ist seine Art, Holz zu hacken und das Feld zu bestellen, ebenso wie der Bauer und ebenso sucht er dann Abwechslung und Entspannung, wenn auch vielleicht in etwas konzentrierterer Form.

Auch wenn man der Einsamkeit zugeneigt ist, ist der Widerstand, dem man begegnet – besonders in jungen Jahren – erheblich und nachhaltig. Wenn man sich für die Einsamkeit entscheidet, so ist das auch eine Entscheidung gegen die anderen, die nicht so denken, und damit eine implizite Beleidigung. Wenn man sich für die Einsamkeit entscheidet, dann denken die anderen, man habe ein Geheimnis – eine implizite Bedrohung. Ist man gerne allein, so gilt man als egoistisch, antisozial oder Schlimmeres – eine implizite Sünde. Nietzsche, auch einer dieser hölzernen Gesellen, die auf jede Etikette pfeifen, und der erst hundert Jahre nach seinem Tod mit Anerkennung rechnete, meinte: »Ihr drängt euch um den Nächsten und habt schöne Worte dafür. Aber ich sage euch: eure Nächstenliebe ist schlechte Liebe zu euch selbst. Ihr flüchtet zum Nächsten vor euch selber und möchtet euch daraus eine Tugend machen: aber ich durchschaue euer ›Selbstloses‹.«

Auch wenn der Zwang, vor sich selbst in die anonyme Masse (welcher Art auch immer) zu fliehen, bestenfalls weitverbreitet und schlimmstenfalls ein Ausdruck von Feigheit ist, so muss doch auch Nietzsche eingestehen, dass es schwierig ist, die richtige »Selbstliebe« zu entwickeln (also jenseits von Egoismus und Selbstsucht). »Man muss sich selber lieben lernen – also lehre ich – mit einer heilen und gesunden Liebe: dass man es bei sich selber aushalte und nicht umherschweife. Solches Umherschweifen tauft sich ›Nächstenliebe‹: mit diesem Worte ist bisher am besten gelogen und geheuchelt worden, und sonderlich von Solchen, die aller Welt schwerfielen. Und wahrlich das ist kein Gebot für heute und morgen, sich lieben lernen. Vielmehr ist von allen Künsten diese die feinste, listigste und geduldsamste.« Wie das Glück, so muss man sich auch seine Einsamkeit verdienen.

»Der Mensch liebt die Gesellschaft und sei es nur die einer flackernden Kerze«, heißt es beim großen Aphoristiker Christoph Lichtenberg. Zudem fehlt es bekanntlich nie an guten Gründen, die manchmal kalte Isolation der Einsamkeit gegen das warme Nest des Massenbewusstseins einzutauschen: die verschiedensten psychischen Leiden, unfassbare aber dennoch bedrohliche Ängste, Trägheit, Langeweile. Pascal meinte, man könne alles menschliche Unglück auf die Unfähigkeit zurückführen, allein in seinem Zimmer zu sitzen. Er schlug vor, sich vom Gewand der eigenen Identität zu trennen und sie gegen eine göttliche Anonymität einzutauschen. Gott – wie immer man ihn fassen und definieren mag – war lange Zeit das probate Mittel der Menschheit vor den privaten Nöten in die kollektiv geteilte Stille zu fliehen – neben politischen Massenbewegungen, flammendem Nationalismus und allen anderen säkularen -Ismen (heutzutage wohl am stärksten der Konsumismus). Es gelang den Menschen immer, vor der Menschheit und ihrer Menschlichkeit zu fliehen.

Und natürlich gibt es wieder neuere und noch flammendere Erregungen, die uns packen. Auch wenn es schwer ist, im letzten Jahrhundert irgendeinen moralischen Fortschritt auszumachen, so waren doch die technologischen Entwicklungen, selbst für einen Maschinenstürmer wie mich, atemberaubend. Mein Großvater wurde in eine Welt ohne Telefon geboren, ohne Autos und Flugreisen; die Welt die ihm nachfolgte, stellt die größten Science-Fiction-Fantasien seiner Jugend in den Schatten. Die Menschheit hat im wahrsten Sinne das Unvorstellbare erreicht. Die neuesten technologischen Errungenschaften haben uns in die Lage versetzt, die letzten Refugien der Einsamkeit auszulöschen. Früher mussten selbst jene, die sich vor der Stille fürchteten, ab und an alleine im Bus fahren oder nur mit sich selbst auf die Toilette gehen. Heute aber, wenn niemand zur Hand ist, mit dem man am Handy reden kann, wenn es keine SMS abzurufen oder zu tippen gibt, nichts was gerade auf Google nachgeschaut werden kann, dann gibt es zum Glück immer noch den guten iPod, der uns vor jeder unerwünschten Konfrontation mit uns selbst rettet. »Einsamkeit ist nichts, auf das man für die Zukunft hoffen kann«, schrieb Thomas Merton. »Es ist vielmehr eine Art Intensität der Gegenwart und wenn man sie nicht in dieser Gegenwart sucht, wird man sie nie finden.« Vollgesaugt mit Ablenkungen werden wir nicht dümmer – noch nie hatten so viele Menschen Zugang zu so viel Informationen – sondern einfach weniger menschlich. Ein mit Fakten vollgestopfter Kopf war noch nie eine gute Voraussetzung für Weisheit.

Hektische Beschäftigung ist das Gegenteil von Kreativität: Jene ist energiegeladen aber leer, diese typischerweise langwierig aber anhaltend. »Die größten Ereignisse«, behauptete Nietzsche, »das sind nicht unsere lautesten, sondern unsere stillsten Stunden. Nicht um die Erfinder von neuem Lärme: um die Erfinder von neuen Werthen dreht sich die Welt; unhörbar dreht sie sich.« Die meisten Menschen, die ich bewundere, haben sich nicht weit von ihren eigenen abgeschlossenen Welten entfernt, hatten selten mehr als eine Handvoll Freunde und standen der geschäftigen Welt um sie herum meist fassungslos gegenüber. Ihre typische Abgeschiedenheit und Ruhe habe ich immer als eine große Leistung empfunden.

Wollte man den Prototypen des einsamen, ernsthaften Literaten stilisieren, wäre der amerikanische Schriftsteller und Kurzgeschichtenautor Richard Yates eine gute Wahl. Ein Alkoholiker mit gelegentlichen Schüben geistiger Verwirrung, oft bettelarm, fürchterlich selbstbesessen, von einer exzentrischen Mutter erzogen, die er abgöttisch liebt und mit großer Abneigung gegenüber seinem gefürchteten Vater, den er kaum kannte, eine schwere Last selbst für seine engsten Freunde, erfüllt Yates in geradezu bilderbuchhafter Weise das Klischee des Schriftstellers. Auch rauchte er zu viel – vier Packungen am Tag über vierzig Jahre hinweg – und als er starb, waren die meisten seiner Bücher entweder vergessen oder nicht mehr in Druck und er hatte nur eine kleine Gemeinde treuer Leser.

Anderseits war Yates für einen Künstler ungewöhnlich ungeduldig und oft offen feindselig, wenn er auf etwas stieß, was ihm prätentiös erschien – sei es im Bereich der Kunst oder im persönlichen Umgang, und er hasste die soziale Anbiederung und die gegenseitige Lobhudelei, die für eine erfolgreiche Schriftstellerkarriere mindestens ebenso wichtig sind, wie Talent und Ausdauer. Darüber hinaus war er ein begnadeter Handwerker, der im wahrsten Sinne sein Leben für die Kunst geopfert hat.

Hier ist Andre Dubus' Beschreibung von Yates Wohnung (ein Ort der jenem ähnelt, den Yates' Biograf Blake Bailey beschreibt mit »Blutflecken auf dem Kissen des Schreibtischstuhls [von den Hämorrhoiden], die Kakerlaken direkt im Sichtfeld, in der Küche überall Bourbon und Pulverkaffee«]: »Es war ein Ort, an den man junge Schriftsteller schicken sollte, damit sie sich überlegen können, ob sie sich ein Leben als Schriftsteller wirklich antun wollen und dieses Leben wie Dick dreißig Jahre durchhalten; sein einziger Luxus, Zeit, und absolute Aufrichtigkeit eine der wenigen Belohnungen.«

W. B. Yeats schreibt, »der menschliche Geist muss sich entscheiden / perfektes Leben oder Perfektion der Arbeit«. Richard Yates hatte sich entschieden. Still. In seinen vier Wänden. Allein.

Letztlich aber läuft alles auf die Frage des Glücks hinaus, der einzige Lackmustest, der wirklich zählt. Unabhängig vom Alkoholismus und der Kettenraucherei und der gelegentlichen geistigen Verwirrung – und egal ob die durchlittenen Bücher gut sind oder je gelesen werden – Yates war unzweifelhaft glücklicher, wenn er allein war und arbeiten konnte, als wenn er nicht allein war und nicht arbeiten konnte. »Nirgendwo findet der Mensch eine bessere und sorglosere Rückzugsmöglichkeit als in seiner eigenen Seele«, liest man bei Marc Aurel. Vielleicht ist es dort nicht ganz so ruhig wie wir es uns wünschen würden, aber immer noch besser als die belebte Alternative in der richtigen Welt.

Viele der aufrichtigen Bewunderer von Thoreaus Buch *Walden* verstehen nicht, dass es dem Autor nicht um das Loblied einer Flucht aufs Land ging. Daher ist Thoreau heute, obwohl die meisten Amerikaner in Städten leben und sich nur die Reichen »Natur« leisten können, umso wichtiger. Unsere derzeitigen politischen und wirtschaftlichen Eliten haben von den Fehlern ihrer Vorgänger gelernt – die beste Art, uns in Ketten zu halten, ist, uns selbst zu Wächtern zu machen. Wir schauen und lesen die gleichen Nachrichten, hören die gleiche Musik, denken alle dasselbe und kaufen die gleichen Produkte. Wir sind bessere Wächter unseres Gefängnisses als jeder Soldat, unser Hirn ist die wirksamste Zensurmaschine. Was Thoreau wirklich hochhielt, war die Unabhängigkeit des Denkens und die Zwillingstugend der gesunden Einsamkeit – die Merkmale eines zivilisierten und freien Geistes.

»Das glücklichste Leben besteht in betriebsamer Einsamkeit«, schrieb Voltaire. Ich denke an meinen Vater, wie er den Rasen mäht und die Hecken schneidet, stundenlang völlig ruhig und konzentriert, gelegentlich summt er eine Melodie, an deren Text er sich nicht mehr erinnern kann. Ich denke an meine Mutter, die sich mit ihren arthritischen Knien Mühe gibt, den Boden zu saugen, der eigentlich sauber ist, wie sie die Teller aus dem Geschirrspüler nimmt, um sie wegzuräumen, wenn sie mit dem Staubsauger fertig ist. Ich glaube beide sind glücklich.

DER KRITISCHE GEIST

Das Einzige, was in der Welt Wert hat,
ist ein aktiver Geist.
RALPH WALDO EMERSON

Fast eine ganze Seite meines Hängeregisterschranks im Arbeitszimmer dient mir als Platz für meine Helden – eine Collage aus Bildern von Menschen, die mich inspiriert haben oder es immer noch tun. Wer mich oder meine Arbeit kennt, für den ist die Auswahl nicht überraschend: Mordecai Richler, Emily Dickinson, Thomas McGuane; Gram Parsons, Ronnie Lane, John Hartford; alte Freunde, dahingeschiedene Haustiere, geliebte Verwandte. Selten wird eines dieser Porträts entfernt, denn so leicht erwirbt sich keiner einen Platz in der vordersten Reihe. Gelegentlich kommt einer dazu, obwohl meine Frau immer eine Zeit braucht, bis sie es merkt. Vor Kurzem fiel es ihr wieder mal auf.

»Wer ist der Dicke?«, fragte sie.

Meine Frau ist bar jeglicher Heuchelei, was besonders hilfreich ist, wenn man in meinem Gewerbe – Produktion und Verkauf von Literatur – unterwegs ist, wo dieses Leiden so verbreitet ist, wie Staublungen bei Kumpeln im Bergwerk.

»Edmund Wilson«, antwortete ich. Und nur fürs Protokoll, er war nicht immer so fett; genaugenommen war er genauso schlank wie Scott Fitzgerald, als beide damals Studienanfänger in Princeton waren. Man neigt zu einer defensiven Haltung gegenüber seinen Idolen.

»Wieso hängt der da?«

»Weil er ein Großer ist.«

»Wie, was? Was macht ihn denn groß?«

Eine grundlegende und damit ausgezeichnete Frage.

Das Foto von Wilson ist das einzige auf meinem Schrank, das einen Literaturkritiker zeigt, zugegebenermaßen nicht die prickelndste aller möglichen Tätigkeiten. Er war im Grunde seines Herzens einer, der die anderen verstand, und nicht, wie seine Freunde Fitzgerald und Edna St. Vincent Millay, einer, der Dinge schuf. Zwar schrieb er unterhaltsame Verse und ganz passable Geschichten und Theaterstücke, zudem war er ein obsessiver Tagebuchschreiber – seine klare Prosa weist ihn als jemanden aus, der ein Gefühl für Sprache hat –, aber sein eigentliches Talent war die Kritik (wiewohl das, was heutzutage unter diesem Begriff gefasst wird, seinen Fähigkeiten keineswegs gerecht wird). Wilson erinnerte sich an seine eigene Einschätzung mit siebzehn, als er sich sagte »Ich bin ein Dichter«, dann hielt er inne, dachte nach und verbesserte sich: »Nein: Ich bin nicht ganz ein Dichter, aber zumindest so etwas Ähnliches.« Wichtig ist die von Weitsichtigkeit zeugende Pause zwischen den beiden Sätzen.

Jeder Kritiker – jeder, der schreibt – ist das, was er sich, besonders in jungen Jahren, an literarischer Kost zu Gemüte führt. Und Wilson lebte so gesehen nicht nur von einer gesunden Diät, sondern auch von einer für einen Kritiker höchst abwechslungsreichen. Er verfügte über eine solide Ausbildung in Griechisch und Latein, die ihm das klassische Ideal der Objektivität vermittelte und jenen Blick, den Gore Vidal »die lange Sicht« nannte. Auch waren die Vorlesungen seines Mentors Christian Gauss in Princeton äußerst einflussreich nicht nur bezüglich der von diesem vertretenen neuen Sichtweise der nicht-englischsprachigen Literatur, sondern auch bezüglich des lebenden Beispiels, das Gauss lieferte, wenn es um Loyalität gegenüber der Wahrheit ging, egal wie schmerzhaft und unangenehm eine solche Haltung auch immer sein mochte. (Mehrere von Wilsons Freundschaften litten darunter – manche gingen zu Bruch, wie die zu Nabokov –, weil Wilson sich weigerte, seine kritischen Positionen zurückzunehmen.) Die für die Kritik zentralen Figuren des 20. Jahrhunderts waren für Wilson wichtig – die großen Spötter wie Mencken und Shaw –, aber möglicherweise hatten die humanistischen Literaturkritiker des 19. Jahrhunderts (die von den »New Critics« als »Impressionisten« gescholten wurden), Figuren wie Arnold, Saint-Beuve und Saintsbury, den größten Einfluss auf ihn: Figuren, die ihre Hauptaufgabe darin sahen, andere von dem zu überzeugen, was ihnen selbst gefiel.

Wilsons Vater war ein Rechtsanwalt, der in Princeton und Columbia studiert hatte, ein Mann, dessen Handwerkszeug, wie sein Sohn wusste, sich aus »Bildung, Logik, äußerster Einbildungskraft und Eloquenz« zusammensetzte. Dies waren eben die Werkzeuge, derer sich auch Wilson fünfzig Jahre lang bediente, um erhellend, engagiert und entlarvend über Bücher und Ideen seiner Zeit zu schreiben (gute, schlechte und folgenlose). Als literaturwissenschaftlicher Autodidakt verdanke ich – wie viele andere – Wilson sehr viel; nicht nur weil er mich ästhetisch auf den richtigen Pfad gebracht hat, sondern auch weil er mir half, meine kritische Empfindsamkeit zu schulen. Gib einem Menschen ein gutes Buch in die Hand und er hat eine Woche etwas zu lesen; aber bring einem Menschen bei, kritisch die Spreu vom Weizen zu trennen, und er erwirbt damit die Fähigkeit, für den Rest seines Lebens die richtigen Sachen zu lesen. Wohlgemerkt »lesen«, nicht »analysieren«. Das Beste, was ein gut geschulter kritischer Geist im Reich der Literatur vermag, ist die Unterstützung des normalen Lesers, dem er zum besseren Lesen und das heißt auch – besseren Leben – verhilft. »Lesen«, so Bacon, »macht uns zum vollständigen Menschen.«

Virginia Woolf gefiel diese Idee so sehr, dass sie eine Sammlung von Geschichten *Der normale Leser* betitelte und dabei zustimmend Dr. Johnson zitierte: »Ich freue mich mit dem normalen Leser einer Meinung zu sein, denn letztlich entscheidet dieser, fernab aller literarischen Bildung und dogmatischen Haarspalterei, über den poetischen Wert eines Werks.« Es ist schließlich der Alltagsverstand, der heute leider nicht mehr alltäglich ist, da literarisches Ansehen eher das Ergebnis geschickter Marketingkampagnen und akademischer Rhetorik ist. Als F. Scott Fitzgerald starb, waren seine Bücher nicht mehr erhältlich, während es heute keinem Schüler einer amerikanischen Highschool oder Universität gelingen dürfte, um die Lektüre des *Großen Gatsby* herumzukommen. Man fragt sich welches Szenario deprimierender ist.

Von Alfred Kazin habe ich kein Bild an meiner Pinnwand, aber auch er war ein Kritiker in der versunkenen Tradition eines Wilson oder einer Woolf und anderer Intellektueller, die sich außerhalb des akademischen Betriebs bewegten. Kazin bezeichnete sich selbst zeit seines Lebens gern als »privater Leser« – ein anderer Ausdruck für jene aussterbende Spezies, die Gore

Vidal »Leser aus freien Stücken« nannte – also jene Art von Menschen, die den *Ulysses* lesen, weil sie neugierig sind, was Joyce unter einen Roman im 20. Jahrhundert verstand, und nicht, weil es zur Pflichtlektüre in der Oberstufe gehört. Der Kritiker, so Kazin, sei nicht für andere Kritiker da, sondern für die gewöhnliche Leserschaft. Er schrieb:

> Was mich an einem Kritiker interessiert, ist der Nutzen, den ich aus ihm ziehen kann. Mir nutzen Kritiker, deren Perspektive mich wütend macht, die aber in bestimmten Dingen die Fähigkeit haben, einen Autor oder Text für mich plastisch werden zu lassen … Schließlich existiert die Kritik, weil der Kritiker eine intensive und bedeutungsvolle Erfahrung mit einem Text gemacht hat. Wenn dem nicht so ist, warum sollte man so tun, als wäre dem so? Warum sollte man sich um etwas kümmern, das einem selbst nicht das intensive Gefühl des Wirklichen vermittelt?

Kazin kam höchstens sein überaktiver Geist in die Quere. So meinte er beispielsweise über den Aufstieg und Fall des Dichters Delmore Schwartz, dieser sei »hoffnungslos in einem logischen Netz verfangen und ein erschreckender und erschreckter Rationalist, ein Gefangener seiner hervorragenden intellektuellen Bildung«. All das mag zutreffend sein, übersieht aber, dass Schwartz zugleich ein von Beruhigungsmitteln abhängiger Alkoholiker war, dessen körperliche Vergiftung für den Verfall seiner Dichtung ebenso verantwortlich war, wie seine hyperintellektuelle Haltung. Man kann auch außerhalb einer Bibliothek etwas über die Natur des Menschen lernen. Und zudem kann und sollte man sich nicht nur auf Bücher in kritischer Absicht beziehen. Schließlich gibt es auch noch den Albtraum, aus dem Stephen Dedalus im *Ulysses* erwachen will: die Geschichte.

Bis vor Kurzem – genau genommen bis zum 11. September 2001 – dürften die meisten US-Amerikaner, die Pearl Harbor nicht selbst erlebt haben, Schwierigkeiten gehabt haben, Stephens Lamento und den Roman, in dem er sich entsprechend äußert, zu verstehen. Für diese Menschen – das heißt für die meisten von uns – war Geschichte etwas, das sich anderswo, irgendwo dort drüben ereignete und andere Menschen betraf, während wir in der Gemütlichkeit unseres technologisch untermauerten Fortschritts und in weltweit beneidetem Reichtum uns das Ganze im Fernsehen anschauen oder mit Kopfschütteln in der Zeitung nachlesen konnten. Das war's dann aber auch. Und jetzt hat die Geschichte, hat der historische Prozess uns eingeholt.

Es hat zumindest etwas Belebendes nach so vielen Jahren der Langeweile wieder Teil des Spiels zu sein, anstatt immer nur am Spielfeldrand zu sitzen und gelegentlich zu klatschen (die Befreiung Südafrikas, der Fall der Berliner Mauer) oder zu Buhen (der Einmarsch der sowjetischen Panzer in die Tschechoslowakei, das Terrorregime des Pol Pot). Wie sehr man sich auch über die kommunistenfressenden Republikaner der McCarthy-Ära in den Fünfzigerjahren lustig machte, heute begegnet uns der gleiche Geist der Zensur in der Welt des freiheitstrunkenen Uncle Sam, wo jeder, der sich nicht lauthals zum amerikanischen Imperialismus bekennt, gleich aus dem öffentlichen Leben verbannt und als Terrorist gebrandmarkt wird, unsere Gegner werden zu Schurkenstaaten und jede Woche taucht ein neuer Feind auf.

Aber man muss nicht so klug sein wie Noam Chomsky oder die Empirie eines Augenzeugen der Gräueltaten, die im Irak für den Kampf um billiges Öl begangen wurden, bemühen, um die Welt vor der eigenen Haustüre klar und deutlich zu sehen und zu erkennen. George Orwell brachte viele ungewöhnlich vernünftige Dinge zu Papier, aber das Beste, was er schrieb, war, dass es »das Schlimmste [sei] was man mit Worten tun könne, sich ihnen zu ergeben«. Da das Böse, dem wir – im Gegensatz zu Orwell – gegenüberstehen, atomar bewaffnet und multi-national ist und gewöhnlich von der passenden Begleitmusik unterstützt wird, die auf CNN läuft, neigen wir dazu, die Quelle unserer postmodernen Sorgen jenseits linguistischer Probleme zu lokalisieren. Das ist falsch. Am Anfang steht immer das Wort.

Verließe man sich – wie die Mehrheit in den meisten Ländern – lediglich auf die von den großen Unternehmen kontrollierten Medien, so erscheint die Invasion des Irak durch die Vereinigten Staaten nicht nur verständlich, sondern sogar als eine lobenswerte Aktion. Aber es wird so getan, als sei es keine Invasion, sondern ein Krieg, was einen großen Unterschied macht. Man erweckt den Eindruck, als würden die Amerikaner ihr eigenes Land verteidigen – und damit zugleich die gesamte freie Welt – indem sie mit Präventivschlägen gegen den internationalen Terrorismus vorgehen.

Aber man muss das Ganze nur von einer anderen Seite betrachten und schon bekommt man ein völlig anderes Bild davon, wer zuerst zugeschlagen und wer zurückgeschlagen hat. Definiert man beispielsweise Terrorismus in Anlehnung an Jonathan Bakers klar geschriebenen *No-Nonsense Guide to Terrorism* durch drei zentrale Elemente »Androhung oder Einsatz von Gewalt; gegen zivile Ziele; aus politischen Motiven« ändert sich das (zumindest in den Vereinigten Staaten) populäre Bild des Terroristen als eines durchgeknallten Fundamentalisten (meist dunkelhäutig und religiös motiviert), es wird weiter und umfasst neue Aspekte. Wenn man in diese Richtung denkt – in die man weder von der *National Post* noch durch *Fox News* gedrängt wird – dann findet man eine Antwort auf George Bushs berühmte Frage, über die sich die schweigende Mehrheit im Stillen und manchmal auch laut (z. B. in der

Kneipe im Mittleren Westen, die aus den »French Fries« auf der Speisekarte »Freedom Fries« aus Protest gegen die Weigerung der französischen Regierung, sich dem amerikanischen Angriff auf den Irak anzuschließen, machte) den Kopf zerbrach: »Warum hassen sie uns, wo wir doch so gut sind?«

Wozu das Ganze? »Alles, was es für den Triumph des Bösen braucht, ist, dass die Guten nichts tun«, schrieb Edmund Burke. Aber wenn man pflichtschuldigst die eigenen kritischen Fähigkeiten in der politischen Arena zur Anwendung bringt, so verhindert das nicht, dass Menschen für einen niedrigen Ölpreis sterben müssen oder wir vom ökologischen Selbstmord durch Umweltzerstörung zurücktreten, ebenso wenig wie gute Kritiker die Menschen von der Lektüre schlechter Bücher abhalten können. Letztlich ist es wohl so, wie Seneca es formulierte: »Man muss das Leben nehmen wie öffentliche Bäder, Massenaufläufe oder das Reisen. Man wird mit Dingen beworfen und sie treffen einen auch.« Aber zumindest weiß man, wer wirft und warum, und wenn man besonders schlau ist, kann man sich ducken, um nicht getroffen zu werden.

Ich bin glücklich, dass Edmund Wilson und Alfred Kazin und Virginia Woolf und Noam Chomsky und Jane Jacobs und Rachel Carson und Gore Vidal und Edward Abbey und viele andere mich gelehrt haben, wie man richtig liest und klarer denkt und mehr versteht. Mehr noch. Ich bin ihnen allen dankbar.

LOBPREIS

Wer ahnt, dass die Tage Götter sind?
RALPH WALDO EMERSON

Ein Interviewer fragte mich einmal, ob ich mich als satirischen Schriftsteller begreife. Ich antwortete ihm sinngemäß, dass jeder, der seine sieben Zwetschgen halbwegs zusammen habe, nicht anders könne, als eine satirische Haltung zu entwickeln. »Gegen Dummheit sind selbst die Götter ohnmächtig«, schrieb Schiller, und der musste nie irgendwelchen Politdarstellern oder Medienkaspern zuhören, die erklären, dass die Erderwärmung eine Erfindung der Linken ist, oder sich abends durch die Fernsehkanäle zappen, um dabei auf eine Folge von *Das Dschungelcamp* zu stoßen. Zudem ist es gesund, die Dinge ins Lächerliche zu ziehen, man befreit sich damit schnell vom täglichen Wahnsinn, hält den Geist frisch und den Blutdruck oben.

Kritik ist laut Emerson »sicherer als Lob«, aber der weitverbreitete flache Zynismus, der noch in den plattesten Produkten der Kulturindustrie zu finden ist, die sich als hochwertige kulturelle Leistung missverstehen, lässt hochgezogene Brauen auch nicht gerade als jene geistvolle Reaktion durchgehen, nach der einer gemarterten Seele dürstet. Währenddessen »kratzt sich die Ironie an ihrem müden Hinterteil«, wie Jim Harrison es formulierte, mit der ebenso ermüdenden Folge, dass die Hinwendung zu flachen Eintagsfliegen dazu führt, dass man selbst dazu neigt, flach und wirkungslos zu werden.

Glücklicherweise kennt die menschliche Psyche aber auch den Drang in die andere Richtung – weg von Zynismus und Tadel und hin zu Lob und Anerkennung. Wer zu lange im Schatten der Skepsis sitzt, braucht ab und an ein bisschen Licht zur Belebung. Entgegen seinem Ruf als Vater des Nihilismus und frohlockender Überbringer der schlechten Nachricht, dass Gott tot sei, war Nietzsche in all seinen Arbeiten darauf bedacht, das menschliche Bedürfnis nach Anerkennung, ja sogar nach freudigem Überschwang zu betonen. »Wertschätzung ist ein wertzuschätzender Schatz«, heißt es da. »Schon die Wertschätzung schafft den Wert: und ohne Wertschätzung wäre das Jammertal des Lebens schal.«

Als ich meine Frau Mara kennenlernte, war ich ein frustrierter Philosophiestudent, der versuchte, dem ziemlich konservativen Lehrplan des philosophischen Fachbereichs zu entkommen, der versuchte, das Angebot dort in Richtung seiner Interessen hinzubiegen – nämlich auf die großen Fragen der menschlichen Existenz, die meinen, der analytischen Philosophie verschriebenen Professoren so groß nicht erschienen; Fragen wie: warum sind wir hier, was ist gut und was böse und was schön und was nicht? Ich dachte ich hätte mit der Entdeckung von Autoren wie Abram Maslow und Erich Fromm, beides anerkannte Psychologen und honorige Universitätsprofessoren, einen Ausweg aus dieser Sackgasse gefunden, da beide meinen quasi-spirituellen Fragen offen gegenüberzustehen schienen. Ich erinnere mich noch, wie ich Mara ein Exemplar meiner neuesten Erleuchtung gab, Maslows Buch über Religionen, Werte und »Peak Experiences«, ein Buch, das der Frage nachging, wie es möglich war, dass nach der Befriedigung elementarer Bedürfnisse wie Nahrung, Sex und Sicherheit Momente außerordentlicher Intensität, die sogenannten »Peak Experiences« möglich waren (die sich noch dazu akademisch untersuchen ließen), ergreifende Momente der Liebe, des Verständnisses, Glücks, der Entrückung, in denen ein Mensch sich ganz, lebendig und bei sich selbst fühlt. Sie blätterte durch das Taschenbuch, las ein oder zwei Absätze und meinte dann: »Klingt gestelzt, oder?«

Gestelzt? Ich sah hier die Philosophie der Outlaws

und sieh sah etwas Gestelztes. Später dann, als sie mir e. e. cummings, ihren damalige Lieblingsdichter zu lesen gab, fand ich darin eine Zeile, die mir half, das zu sehen, was sie bereits erkannt hatte: »Lieber lerne ich von einem einzigen Vogel zu singen, als zehntausenden Sternen beizubringen, wie man nicht tanzt.« Warum sollte man solche »Peak Experiences« nur klassifizieren, wenn es die Möglichkeit gab, sie selbst zu erleben oder anderen als Dichter oder Musiker dazu zu verhelfen? Oder meinetwegen auch als Romanautor. Statt darauf hinzuarbeiten, ein besserer wissenschaftlicher Klassifizierer und Fußnotenschreiber zu werden, begann ich, ein besserer Tänzer zu werden. Bei Nietzsche heißt es:

> Ihr höheren Menschen, euer Schlimmstes ist: ihr lerntet alle nicht tanzen, wie man tanzen muss – über euch hinwegtanzen! Was liegt daran, dass ihr missriethet! Wie vieles ist noch möglich? So *lernt* doch über euch hinweglachen! Erhebt eure Herzen, ihr guten Tänzer, hoch! Höher! Und vergesst mir auch das gute Lachen nicht! Diese Krone des Lachenden, diese Rosenkranz-Krone: euch meinen Brüdern, werfe ich diese Krone zu! Das Lachen sprach ich heilig; ihr höheren Menschen, *lernt* mir – lachen.

Tanzen, Lachen, Bestätigen: schöne Sachen, wenn man es kann. Aber es gibt eine Reihe von berufsbedingten Gefahren: am ärgerlichsten ist, wie es der Theologe Harvey Cox formuliert, die Schwierigkeit, ein hohes Niveau an kritischem Selbstbewusstsein mit dem brennenden Wunsch nach Erfahrung [was Cox an anderer Stelle die »glückliche Unmittelbarkeit« nennt] in Einklang zu bringen, ohne dabei in sinnlose Selbstanalyse zu verfallen … Die Sprache der Religion (wie Lobpreisung, Bejahung, Anbetung) einschließlich des Wortes »Gott« gewinnt nur dann wieder an Bedeutung, wenn die verlorenen Erfahrungen, auf die solche Worte verweisen, als Teil der menschlichen Wirklichkeit wieder erfahren werden. Wann Gott zurückkehrt, werden wir wohl erst im Tanz erfahren, bevor wir ihn in der Doktrin definieren.

Sind wir also wieder bei Nietzsche und seinem Wunsch, uns das Tanzen zu lehren, bei der Fähigkeit, auf das Leben zuzugehen und es zu umarmen (das Gute wie das Schlechte) und es gar zu feiern.

Etwas zu preisen bedeutet, sich nicht mit zweitklassigen Pseudoerlebnissen zufriedenzugeben. Die Neigung dazu ist einerseits angeboren (es ist leichter) und institutionalisiert, etwa wenn wir kulturell genötigt sind, auf den Auslöser der Digitalkamera zu drücken, statt offen und gezielt das zu betrachten, was man reflexartig fotografiert. Es ist leichter zu sagen »Ich war da« (und zum Beweis das Foto herzuzeigen), als zu verstehen, wo man da eigentlich war und was diese Erfahrung in Wirklichkeit bedeutete, aber diese Erlebnisse aus zweiter Hand sind nicht das Leben, zumindest nicht das, was man als gutes Leben bezeichnen kann.

Etwas zu preisen heißt den Dingen Beachtung zu schenken. Solches Beachten kann belebend und aufregend sein, aber auch aufreibend und anstrengend. Liebt man ein Kunstwerk, so erfordert das beispielsweise, das Objekt der Begierde genau, in- und auswendig zu kennen, wie man einen geliebten Menschen kennt. Gut lesen zu können ist eine hart erworbene Kunstform wie die Fähigkeit, gut zu schreiben. Nabokov schrieb über den guten Leser, er habe »die Geduld eines Poeten« und die Passion eines Kommentators, »sich ins Detail zu verlieren«.

Walt Whitman meinte, um große Schriftsteller hervorzubringen, bedürfe es großer Leser. Ich war immer der Meinung, es wäre eine gute Investition in die Kultur Kanadas, wenn die Regierungsstellen, die Stipendien an Dichter vergeben, gleichzeitig auch Preise für möglichst viele Leser ausschreiben mit der Auflage, dass anstelle der Lektüre der neuesten Bücherhits über Herzschmerz wirklich gute Bücher unter der Anleitung guter Lehrer zu lesen seien, und wenn der Empfänger eines solchen Stipendiums am Ende nicht in der Lage ist, schlechte von guter Literatur zu unterscheiden, dann ist das erhaltene Stipendium mit Zinsen zurückzuzahlen.

Für den Dichter und Kritiker Al Avarez besteht die wahre Aneignung von Literatur nicht »im Erwerb von Information, wiewohl man durchaus etwas lernen kann bei der Lektüre. Es geht auch nicht ums Geschichtenerzählen, auch wenn das manchmal eines der größten Vergnügen sein kann. Es geht darum, einer Stimme zuzuhören … einer einzigartigen bis dato ungehörten Stimme, die direkt zu einem spricht. Mit der man privat kommuniziert, die einem in ihrer ganz eigenen Art ins Ohr flüstert.«

Wahre Autoren, ebenso wie wahre Freunde, haben einen besonderen Klang: sie sind einzigartig auf ihre ganz eigene höchst lobenswerte Art und Weise. Viele Leute sind langweilig, weil sie alle gleich klingen. Das gilt leider auch für den Großteil dessen, was sich als Literatur verkleidet. Wie Alvarez feststellt, heißt »das Finden der eigenen Stimme als Autor (oder für das eigene Ohr als Leser) so viel wie sich in der eigenen Haut frei zu fühlen. Aber um dorthin zu kommen, muss man genauestens auf jedes noch so kleine Detail achten.«

Es klingt paradox, aber es ist wahr. Als ein Verehrer Richard Thompson, den größten Künstler Englands an der Elektrogitarre, fragte, was das Geheimnis seiner innovativen Spielweise sei, gab Thompson die nüchterne und präzise Antwort: »Übe dein Läufe.« Für den Leser auf der Suche nach dem engen Kontakt mit der Literatur heißt das, laut Alvarez, zuhören lernen, »so aufmerksam, wie ein Autor schreibt … man muss Töne und Obertöne hören, den Wechsel im Klang, so aufmerksam und absorbiert, als säße man dem Autor gegenüber und unterhielte sich mit ihm«.

Um etwas vollständig zu erfassen (sei es ein Buch,

einen Menschen, einen Augenblick), d.h. um dessen Heiligkeit zu erfahren, ist Teilhabe nur der erst Schritt, um zu weiteren Einsichten zu kommen. Was erfahren wird, bedarf der Artikulation, des Ausdrucks. Daher wirken Feierlichkeiten ohne aufwühlende rituelle Erregung schal (etwa ein opulentes Erntedankfestessen ohne wahrhaftig empfundene Dankbarkeit). Wir müssen verstehen und klarmachen, dass wir etwas feiern (und sei es nur für uns selbst, wie im Gebet). Dazu bedarf es der richtigen Worte, der angemessenen Sprache, um den Zustand zu erreichen, den Maslow die »glückliche Unmittelbarkeit« nennt. Vor fast zweihundert Jahren schrieb Shelley, dass trotz der zunehmenden Orientierung der Menschheit an den Befunden der Wissenschaft, der zufolge man den rituell präzisen Gebrauch der Sprache den zurückgebliebenen Ritualisten, Sonnenanbetern und Anhängern des Aderlasses überlassen könnte, die Poesie (womit er den bewussten und geschickten Umgang mit Sprache meinte) dennoch kein kultureller Anachronismus sei, sondern vielmehr das Fundament eines jeden lebenswerten Lebens. Poesie, so Shelley

> besiegt den Fluch, der uns an die zufälligen Reize der Umwelt bindet ... sie macht uns zu Bewohnern einer Welt, der gegenüber die Welt des Alltags das reinste Chaos ist ... Sie reinigt uns von den gewohnten Sichtweisen und lässt das Wunder der Existenz ins Licht

treten ... Sie erschafft das Universum neu, nachdem es in unserem Geist durch die Wiederholung der immer gleichen Eindrücke zerstört worden ist.

Als sie das erste Mal sagte, dass sie dich liebe, ging der Himmel auf und hundert Geigen spielten in deinem Kopf; 1001-mal später, wenn sie dich anruft und sagt: »Kannst du heut Abend auf dem Heimweg Milch mitbringen, ich liebe dich«, bedeutet das nicht, dass sie dich nun weniger liebt: vermutlich liebt sie dich dann mehr und ihre Liebe ist tiefer. Es heißt nur, dass das Wort »Liebe« allmählich durch zu häufigen Gebrauch und Überstrapazierung seiner Bedeutung verlustig gegangen ist. Daher braucht es neue Worte. »Nimm einen Gemeinplatz«, schrieb Cocteau, »reinige und poliere ihn, stell ihn ins richtige Licht, damit er jung und frisch wirkt wie früher und du hast die Arbeit des Dichters erledigt.«

Ich habe nur selten der Verlockung nachgegeben, die von mir – in ihren jungen Jahren – bewunderten Musikstars später als Imitation ihrer selbst im Alter auf der Bühne stehen zu sehen. Ein Gutteil der Genialität von Jerry Lee Lewis beispielsweise verdankte sich seiner anarchischen Animalität (live oder auf Platte); sieht man ihn dann auf seine alten Tage, wie er gebrechlich seine Jugendnummer abzieht, grenzt das beinahe an ein Sakrileg. Lieber bleibt man da zu Hause und hört die alten Platten an und freut sich an den Bildern auf dem Cover, die »The Killer« noch als das zeigen, was er einmal in früheren Jahren war.

Vor ein paar Jahren brachte eine Reihe von völlig unmusikalischen Umständen – das Bedürfnis nach einem günstigen Kurzurlaub während unsere Küche gerade renoviert wurde; die plötzliche Verfügbarkeit von Eintrittskarten; die Aussicht auf eine nicht allzu große Konzerthalle – meine Frau und mich an die Niagarafälle, wo wir einen Auftritt von Bob Dylan sahen. Wir kamen einen Tag vor dem Konzert an, um uns die Aussicht anzuschauen – ich war das letzte Mal als Kind bei den Niagarafällen gewesen – und nachdem wir uns ordnungsgemäß von der Verschandelung dieses Naturwunders durch Neonbuden überzeugt hatten, gingen wir den Ort inspizieren, an dem am folgenden Abend das Konzert stattfinden sollte. Irgendwie konnten wir beide nicht verstehen, dass Dylan auf einem Platz spielen sollte, der nicht größer als ein halbes Fußballfeld war. Man konnte nämlich die Tickets für das Konzert nur über das Hotel kaufen – wo man auch übernachten musste, um Anspruch auf Konzertkarten zu haben – und wir dachten uns, das Ganze sei ein Schwindel, und begnügten uns mit der Vorstellung, dass wenigstens die Farbe in unserer Küche getrocknet sein würde, wenn wir wieder heimfuhren.

Am nächsten Abend standen wir dann eine halbe Stunde in der Schlange vor dem angekündigten Ort des Geschehens – das Gelände gehörte, wie sich herausstellte zum Hotel, und wurde für große Hochzeitsfeiern und Partys genutzt – und allmählich waren wir überzeugt, dass unsere Karten, auf denen groß angekündigt war BOB DYLAN AND BAND vermutlich einen Druckfehler enthielten und wir möglicherweise einem Konzert seiner Begleitband beiwohnen würden. Wir tranken Bier aus Plastikbechern und standen mit etwa dreihundert anderen an diesem warmen Abend herum, als Bob Dylan auf die Bühne kam. Ein verhutzelter, unrasierter, leicht verwirrt wirkender Bob Dylan, aber er war es wirklich. Obwohl wir bereits nur etwa zehn Meter von der Bühne entfernt waren, hob meine Frau die rote Kordel hoch, die uns von den VIPs des Hotels trennte, und wir schlichen uns direkt vor die Bühne. Drei Meter weg von Bob Dylan.

Musikalisch war der Auftritt ein Reinfall, ein heiserer, kaum singender Bob Dylan, der eine Art Dylan-Karaoke ablieferte, begleitet von einer gelangweilten Band. Wenn Bob Dylan meint, er müsse unablässig um die Welt reisen, um jeden Abend sich selbst auf der Bühne darzustellen, dann soll er das tun, er ist ein Großer und darf das. Aber ich stand drei Meter vor einem Menschen, der nicht nur mein Leben verändert hatte, sondern dessen Einfluss auf die Kultur des 20. Jahrhunderts sich mit Picasso, Charlie Parker und Hemingway messen kann. Ich sah ihm zu, wie er zwischen den Songs seine Kehle immer wieder reinigte und irgendetwas ausspuckte, das eher fest als flüssig aussah. Ich hatte gerade Bob Dylan gesehen, wie er würgte.

Später, nach dem Ende des Konzerts passierten zwei Dinge – oder besser gesagt, sie passierten nicht. Erstens konnte ich mich nicht betrinken, und zwar nicht nur wegen der obszön hohen Preise in der schrecklichen Plastikbar, die sich als Pub ausgab. Manchmal ist es angemessen, einfach unter dem eigenen Niveau zu bleiben.

Zweitens fehlten mir die Worte, die Bedeutung dessen, was wir soeben gesehen hatten, für mich zu formulieren. Natürlich redete ich ununterbrochen – plapperte alle denkbaren Klischees nach, die mir in den Sinn kamen – aber ich konnte meine Empfindungen einfach nicht vermitteln. Worum es mir eigentlich ging war die Ehrfurcht, die es mir eingeflößt hatte, praktisch neben Bob Dylan zu stehen. So etwas wie Ehrfurcht [im Original *awe*, Anm. d. Ü.] hatte ich vielleicht zweimal in meinem bisherigen Leben empfunden und möglicherweise widerfährt mir dergleichen nie wieder. Aber vielleicht liegt es daran, dass ich in der Woche davor irgendetwas in der Art wie »Wow, was für ein toller [im Original *awesome*, Anm. d. Ü.] Veggie Burger« gesagt hatte, dass mir dieser besondere, für die Situation genau passende Begriff Ehrfurcht nicht mehr zugänglich war, weil ich ihn für triviale Momente und Empfindungen verbraucht hatte.

Wenn Joseph Conrad sich und seine Leser daran

erinnert, dass »man nur durch bedingungslose Hingabe zur Synthese von Form und Inhalt gelangen kann; nur durch das unermüdliche und andauernde Bemühen um den Klang und die Form eines Satzes erreicht man Farbe und Tiefe; und dann erscheint für einen Moment das suggestive Leuchten über der alltäglichen Oberfläche der Worte: jener Worte, die ausgelaugt und dünn geworden sind durch langen, achtlosen Gebrauch über die Jahre«, votiert er nicht für eine irgendwie überlegene Ästhetik. Ganz im Gegenteil. Er will uns mahnen, nicht nachlässig mit der Sprache umzugehen, weil wir uns dadurch der Möglichkeiten berauben, unsere Erfahrungen und Gefühle, unser Leben zum Ausdruck zu bringen. »Im Gefängnis seiner Tage«, heißt es bei W. H. Auden, »lehrt dem freien Menschen die Lobpreisung.« Damit das geschieht, gilt es eines zu lernen – und wieder zu erlernen: wie man den eigenen Geist befreit.

PFLICHT

Was sind deine Pflichten? Was der Tag erfordert.
JOHANN WOLFGANG VON GOETHE

Allein das Wort ist eklig. Erfülle deine Pflicht. Es ist deine Pflicht als Bürger. Jeder hat die Pflicht. Darüber hinaus gibt es noch die unzähligen, ebenso unangenehmen Variationen, die man meistens in jungen Jahren eingebläut bekommt, wenn man noch zu unbedarft ist, um sich zu wehren: *Wenn es sich lohnt, etwas zu tun, dann soll man es richtig machen. Was du nicht willst, das man dir tu, das füg auch keinem andern zu. Bei meiner Ehre gelobe ich, dass ich mein Bestes geben werde, gemäß meiner Pflicht gegenüber Gott und der Königin, anderen Menschen jederzeit zu helfen, und im Geiste des Gesetzes der Pfadfinder zu handeln.* Welcher vernünftige Mensch möchte da nicht sogleich auf und davon und völlig zufrieden einfach gar nichts mehr erreichen?

Mit Ausnahme des Sports, lehnte ich – wörtlich, körperlich und aus tiefstem Herzen – so ziemlich alles ab, was meinem Vater wichtig war. Und am wichtigsten waren ihm seine schmutzigen, repetitiven, ermüdenden Jobs, die dennoch erledigt werden mussten. Das Auto waschen. Den Rasen mähen. Die Zufahrt freischaufeln. Die Dachrinne sauber machen. Die Garage aufräumen. Natürlich hätte er gewollt, dass sein Sohn ihm bei diesen Tätigkeiten helfen würde, nicht nur weil es respektable Tätigkeiten waren, die es zu erledigen galt, sondern weil man hier eine wichtige Lektion lernen und entsprechende Werte erwerben konnte – harte Arbeit, Alltagsverstand, Fleiß – was für mein späteres Leben wichtig gewesen wäre, genauso wie es für ihn wichtig gewesen war. Ich kann nicht sagen, dass ich es absichtlich getan habe, aber im Alter von sechzehn Jahren war es mir gelungen, mich völlig nutzlos zu machen. Das ging nicht von heute auf morgen, mein Abstieg vollzog sich in kleinen Schritten: ich wurde vom Rasenmäherlehrling zum Grasbeutelentleerer und schließlich zum Getränkeholer degradiert – aber irgendwann resignierte mein Vater im Angesicht seines nichtsnutzigen Nachwuchses. Der Vorteil war, dass er seine Arbeit im und am Haus nicht teilen musste und sicher sein konnte, dass die Radkappen des Autos glänzten und dass beim Anblick des ordentlich gemähten Rasens vor und hinter dem Haus jeder Gärtner des Centre Court in Wimbledon vor Neid erblassen würde.

Glücklicherweise war mir damals Baudelaires *Intimes Journal* noch nicht in die Finger geraten oder seine Feststellung, dass »es mir immer schon eine schreckliche Vorstellung war, als nützliche Person zu gelten«, der häusliche Friede wäre sonst wohl noch mehr gefährdet gewesen. Schlimm genug für meine Eltern, dass mein jugendlicher Hormonstau und der sich verstärkende Verdacht, sinnlose und geistlose Arbeit sei zu vermeiden, dazu führten, dass ich im Nichtstun mein Lebensziel gefunden hatte.

Abgesehen davon, selbst wenn die anstehende Aufgabe es wirklich wert war, erledigt zu werden – all diese großherzigen Taten, glänzenden Herausforderungen, selbstlosen Aufopferungen – es bedurfte keines an Swift geschulten scharfen satirischen Geistes, um festzustellen, dass Pflichten häufiger in der Theorie als in der praktischen Umsetzung zu finden waren. Das wiederholte Mantra meines Vaters »Unter zehn Menschen – irgendwelchen, beliebigen Menschen – gibt es einen Guten, ein Arschloch und der Rest ist so unnütz, wie die Titten einer Nonne« klingt vielleicht nicht so elegant wie Shakespeares »Die schlechten Eigenschaften der Menschen sind in eherne Lettern gegossen; ihre Tugenden schreiben wir auf Wasser«, aber es geht in beiden Fällen um das Gleiche und beide Formulierungen bringen es auf ihre Weise auf den Punkt.

Aber man ist nicht die anderen Leute, nicht einer von den zehn. Ein jeder ist der, der er ist. Zwar ist ein gesunder Skeptizismus hinsichtlich anderer Menschen, die einem sagen, was man mit dem eigenen Leben tun soll und was nicht, durchaus nützlich, aber ebenso sinnvoll ist es, die eigenen Skrupel, wie diffus und ungenau auch immer sie auftauchen mögen, zu berücksichtigen. Selbst pickelgesichtige Pseudonihilisten wissen tief in ihrem Innersten, dass es gute und schlechte Dinge gibt, und dass die einen den anderen vorzuziehen sind. Oder wie es D.H. Lawrence in seinem Gedicht *Gewissen* so treffend auf den Punkt brachte:

Gewissen
Heißt die Sonne erkennen
Und unseren tiefen Instinkt
Nicht gegen sie anzugehen.

Und auch wenn wir im Sonnenlicht etwas gerader und aufrechter stehen *können* – beschwerlich, stückchenweise und nicht perfekt – es ist nie das Ergebnis der Lektüre gewichtiger Bücher oder des schnellen Nachschlagens bei den Moralphilosophen. Es sind die Menschen die uns dazu bringen, besser zu handeln. Die Tiere. Selbst Flüsse, Seen und Bäume. Sophokles schrieb: »Kein Zeuge ist schrecklicher – kein Ankläger so mächtig wie das Gewissen, das in uns wohnt.« Diesem inneren Ankläger zuhören zu lernen, ist der erste und schwierigste Schritt, den man gehen muss.

Solange ich mich erinnern kann, habe ich immer

gerne die Tagebücher oder Briefe meiner Freunde gelesen. Wenn sie auf die Toilette gingen oder in die Küche, um noch ein Bier aus dem Kühlschrank zu holen, stieg sofort – und instinktiv – meine Aufmerksamkeit für jedes frei herumliegende Blatt oder irgendein Tagebuch. Vielleicht lag es daran, dass ich ein Einzelkind war, das nie gelernt hatte, das Eigentum und die Privatsphäre von anderen zu respektieren, vielleicht war ich hier bereits auf dem Weg zum Schriftsteller, ohne es zu wissen, und konnte der Verlockung nicht widerstehen, diesen einfachen Zugang zu den intimsten Geheimnissen eines Menschen zu erlangen, die nicht für mich bestimmt waren. Und ich wusste das. Es gab keine irgendwie geartete Berechtigung, auf die ich mich bei meinem Herumspionieren berufen konnte – ich wusste, dass ich es nicht wollen würde, dass jemand das mit mir machte, und doch tat ich es immer wieder.

Als ich dann im zweiten Jahr meines Philosophiestudiums besagten Brad Smith kennenlernte, hatte ich nur mehr wenige Freunde und es gab wenig fremde Briefe und Tagebücher für mich. Ich war einundzwanzig Jahre alt, gerade aus den heimischen Gefilden geflüchtet; Selbstverwirklichung stand auf dem Programm und war wichtiger als Ausgehen mit anderen. Brad war verrückt genug, um ein guter Freund zu werden – ein Philosophiestudent mit einer Vorliebe für kaltes Bier und laute Musik –, aber diese Nähe, so dachte ich, war aus freien Stücken gewählt, sie war emotional nicht erforderlich, die kindliche Kuschelhaltung war der distanzierten Form der Bekanntschaft unter Erwachsenen gewichen. Aber wenn bei einer Freundin wieder mal die Tage ausblieben, war er da und ich konnte mit ihm reden und wir warteten, welche Farbe im Fensterchen des Schwangerschaftstests aufleuchten würde. Und als ich mitten im dritten Jahr an der Universität beschloss, das akademische Handtuch zu werfen, und es mit etwas weniger Akademischem zu probieren, hielt er sich mit Ratschlägen dafür oder dagegen zurück, sondern ließ mich einfach nur reden, bis ich die notwendigen Entscheidungen für mich getroffen hatte und wieder mit erneuter Ernsthaftigkeit hinsichtlich meines Lebens und meines Studiums zu Letzterem zurückkehrte. Und immer wenn ich mich von einem neuen Autor oder Musiker oder Film erleuchtet fühlte und es mich drängte, dies zu erklären und neue Jünger für meine Entdeckung zu werben (auf sehr ausführliche und intensive Weise, wenn ich mich richtig erinnere), dann hörte er geduldig zu bis es an der Zeit für die neu entdeckten Helden der nächsten Woche war. »Die Sprache der Freundschaft besteht nicht aus Worten, sondern aus Bedeutungen«, heißt es bei Thoreau.

Und dann eines Tages, während ich auf ihn wartete, als er duschte, bevor wir uns auf den Weg machten, um einen zu trinken, sah ich auf seinem Schreibtisch sein Notizbuch, schlug es auf und begann sofort zu lesen.

Ich war über mich selbst erstaunt, als ich es impulsiv sofort wieder zuklappte. Brads Loyalität führte dazu, dass ich ebenfalls loyal handelte. Seine Freundschaft machte aus mir einen besseren Freund.

Und so versucht man sein Bestes, sich nicht gegen die Sonne zu stellen. Man kümmert sich um jene, die es verdienen, die anderen bekommen von uns Mitleid und Großzügigkeit, man ist so hart zu sich selbst, wie man zu anderen ist. Man tut das, was man gelernt hat, so gut, wie man es kann, und versucht die Welt jenseits der eigenen Nasenspitze auch noch zu sehen. All das – und mehr noch – mit erheblichen Schwierigkeiten. Plutarch hatte vermutlich recht, als er schrieb, dass »steter Tropfen den Stein höhlt«, aber in der Mehrzahl der Tage hat man doch das Gefühl, der Stein hält stand. Und das ewige Getröpfel geht einem irgendwann ziemlich auf den Geist.

Eines Tages kam meine Frau nach nach Hause, über die Maßen ausgelaugt und müder als sonst. Sie war einfach zu lange in der Welt da draußen gewesen. Sie hatte über eine Stunde einen leeren Kaffeebecher mit sich herumgetragen, weil sie keinen Abfalleimer gefunden hatte, und kam dann aus dem Gebäude, in dem sie sich aufgehalten hatte, auf einen Parkplatz, der so zugeschüttet war mit dem Besuchermüll einer Automobilausstellung in der Nähe, dass man den Asphaltboden nicht mehr sehen konnte. Die Fläche von drei Fußballfeldern voll mit achtlos weggeworfenem Schrott und sie mittendrin mit einem zerknüllten Kaffeebecher in der Hand auf der Suche nach einem Abfalleimer. »Du versucht die Dinge richtig zu machen und dann siehst du so etwas und fragst dich, was soll das Ganze?«, sagte sie, bevor sie auf die Couch niedersank. Ich habe sie nicht gefragt, was aus dem Becher geworden war.

Solche Krisen im Glauben sind vielleicht nicht so greifbar wie die reale Zerstörung des Planeten – aber das scheinbar Nebensächliche kann einen auch auf die Couch zwingen (oder sonst wo hin). Manchmal strecke ich meinen Kopf wider besseres Wissen zum Fenster hinaus, um das Wehen des kulturellen Winds zu schnuppern, und jedes Mal werde ich mit dem gleichen mittelmäßigen Schrott belohnt, der besonders in meinem Gewerbe sich in einer hochwertig daherkommenden Literatur nach Art des Kasperltheaters manifestiert, in Büchern, die die Bestsellerlisten erklimmen und für die Literaturpreise nominiert werden, die von der kanadischen Kulturindustrie ausgeheckt wurden, um die notwendige Fiktion aufrechtzuerhalten, dieses Land kümmere sich um die Literatur. Es handelt sich dabei mit anderen Worten um jene Art von Roman, die mich an irgendeinem Punkt beim Schreiben aller meiner Texte zu der Einsicht führt, dass das, was ich geschrieben habe, inoffiziell, aber nichtsdestotrotz wirkungsvoll von der Würdigung der diesjährigen Juroren ausgeschlossen werden wird, da deren empfindsame ästhetische Seelen gestört werden durch die eine oder andere meiner Bezugnahmen auf Körperfunktionen (da wir ja alle wissen, dass Romanfiguren nicht aufs Klo gehen) oder die Populärkultur (da wir ebenfalls alle wissen, dass Romanfiguren die meiste Zeit nicht mit ihrer beruflichen Arbeit, ihren Familien oder vor dem Fernseher verbringen, sondern entweder in ferne Länder reisen, wo sie nach verlorenen Liebhabern oder Kindern schauen, oder ansonsten einsam in irgendwelchen verlassenen Leuchttürmen sitzen und abwechselnd den traurigen Klängen der Brandung zuhören und über die ewigen Fragen von Raum, Zeit und Erinnerung brüten) oder ich es schlichtweg versäume, besagten Roman in ein ausreichend bukolisches und/oder exotisches Ambiente zu verlegen (da wir alle wissen, dass wahre Literatur nicht dort spielt, wo sich die meisten Menschen aufhalten, wo sie leben und arbeiten, einkaufen gehen und sterben).

Man kann Emerson also nur nachdrücklich zustimmen, der feststellte: »Die Menschen verdienen keine guten Texte, sie freuen sich über die schlechten.« Also kriecht man zurück in seine Höhle, wieder mal.

Aber nicht allzu lange. Halten wir es mit Martin Luther, der angeblich gesagt haben soll: »Auch wenn ich wüsste, dass morgen die Welt untergeht, so würde ich doch heute einen Apfelbaum pflanzen.« Bäume pflanzen, Kaffeebecher entsorgen, gute Literatur lesen und schreiben sind Dinge, die für sich genommen gut und richtig sind und die zu tun sich lohnt, egal ob die

Welt, wie wir sie kennen, sich weiterdreht oder ob die Menschen sich darum kümmern oder nicht. »Man sollte die Tugend um ihrer selbst willen pflegen«, meinte Diogenes, »ohne sich durch Hoffnung oder Angst oder sonstige äußere Einflüsse beirren zu lassen. Darin besteht schließlich das Glück.«

Auch wenn wir die guten Dinge, die wir tun, nicht immer so perfekt vollbringen, wie wir es gerne möchten, oder wenn sie vielleicht manchmal nicht so gut sind, wie wir glauben, so heißt das nicht, dass wir damit aufhören sollten, oder dass sich der Aufwand nicht lohnt. Manchmal kratzt man eben nicht die letzten Reste der Erdnussbutter aus dem Glas, sondern schmeißt es einfach in den Müll, statt das leere Glas im Glascontainer zu recyceln – der quillt nämlich über von Dingen, die wir dort schon ordnungsgemäß entsorgt haben. Die Riesenportion von Rührei, die wir beim Frühstücksbuffet im billigen Hotel essen, stammt nicht von freilaufenden Hühnern – das Spiegelei, das wir uns zu Hause brutzeln, schon. Manche Filme, die wir in unseren Sturm-und-Drang-Tagen gesehen haben, entpuppen sich im Nachhinein als prätentiöser Schmalz – aber zumindest haben wir das Eintrittsgeld gezahlt, die Vorstellung angeschaut und versucht, etwas zu lernen und erwachsen zu werden.

Seneca war ein in vielerlei Hinsicht bewunderungswürdiger Mensch: in erster Linie war er ein herausragender Philosoph der Stoa, aber auch ein Staatsmann, ein Stückeschreiber, Humorist und Lehrer, sowie später auch Berater von Kaiser Nero, und als Mitverschwörer gegen diesen letzten der großen römischen Kaiser sah er sich schlussendlich gezwungen, mit Anstand Selbstmord zu begehen. Er war zudem, wie fast jeder wohlhabende Mensch zu seiner Zeit, Sklavenbesitzer. So bedauerlich – und letztlich unentschuldbar – dies sein mag, so war es doch nicht ungewöhnlich (»Manche Menschen sind von Natur aus frei«, schrieb Aristoteles, »und andere Sklaven, und für jene ist die Sklaverei die passende und richtige Existenzweise.«). Ungewöhnlich war jedoch Senecas unkonventionelle Sichtweise der Sklaverei, die zwar in unseren Ohren selbstverständlich klingt, seinen Zeitgenossen aber schlichtweg unakzeptabel und falsch und von gefährlicher Radikalität erschien:

> Er ist ein Sklave. Aber es kann sein, dass er den Geist eines freien Mannes besitzt. Er ist ein Sklave. Aber spricht das gegen ihn? Man zeige mir einen Menschen, der nicht versklavt ist; der eine ist Sklave der Fleischeslust, der andere ein Sklave des Geldes, wieder ein anderer ein Sklave seiner Ambitionen und alle sind Sklaven von Hoffnung und Furcht. Ich könnte euch einen Mann zeigen, der Konsul war und der ein Sklave seiner »kleinen alten Frau« ist, einen Millionär, der zum Sklaven einer seiner jungen Hausangestellten wurde. Ich könnte euch junge Männer von hohem aristokratischen Stand zeigen, die irgendwelchen Schauspielern verfallen

sind. Und die schlimmste Form der Sklaverei ist jene, die man sich selbst auferlegt. Man soll sich also von diesen eingebildeten Menschen, von denen ich geredet habe, nicht davon abhalten lassen, gegenüber seinen Sklaven gutmütig und freundlich zu sein, statt ihnen mit Arroganz zu begegnen.

»Wir arbeiten im Dunklen«, heißt es bei Henry James, »wir tun, was wir können, und wir geben, was wir haben.« Senecas Beteiligung am Regime der Sklaverei hielt ihn unzweifelhaft ein Stück weit in dieser Dunkelheit; seine wenigen ketzerischen Einsichten diesbezüglich brachten ihn – und alle anderen, die mit ihm in Kontakt kamen – ein Stück weiter ans Licht. Jeder Mensch lebt in seiner je eigenen Dunkelheit. Und ebenso ist der Kampf eines jeden auf dem Weg ins Licht, auch wenn er nur millimeterweise vorankommt, einzigartig.

HEIMAT

Glücklich ist der, ob König oder Bauer,
der Frieden in seinem Heim findet.
JOHANN WOLFGANG VON GOETHE

Wir alle wissen, dass Reisen den Geist anregt, den Horizont erweitert, Großzügigkeit und Toleranz fördert. Jeder weiß, dass Reisen als Zeichen von Weltläufigkeit, Weisheit und verfeinerter Lebensart gilt. Und wie immer ist die Mehrheit im Irrtum.

Das Reisen hat zweifelsohne seine Vorteile. Es ist zum Beispiel gut, wenn man herausfindet, dass sich die Menschen unterschiedlich kleiden, unterschiedliche Essgewohnheiten haben und auf der anderen Straßenseite fahren können und trotzdem alle dieser eigenartigen egoistischen, ratlosen Spezies angehören. Auch schadet es nichts, gelegentlich die eigenen langweiligen Routinen, die gewohnte Umgebung und die schal gewordenen Freundschaften hinter sich zu lassen und sich auf den Weg in die weite Welt zu machen, und sei es nur, um reumütig in die gewohnte Umgebung und zu den schal gewordenen Freundschaften zurückzukehren, denn letztendlich ist Reisen unterm Strich noch langweiliger und schaler.

Das Reisen um des Reisens willen ist in etwa so erbaulich wie die typische neureiche Unart, ein teures Essen mit fünf Gängen, nur weil es teuer ist, als kulturelle Hochtat zu feiern. Sokrates zählte sich selbst zu jenen Menschen, die essen, um zu leben, und nicht zu den anderen, die leben, um zu essen. Auch Horaz warnte vor jenen, bei denen »sich nur das Klima ändert, wenn sie ans Meer fahren und nicht ihre Haltung oder ihre Seele«. Dr. Johnson wurde noch deutlicher: »Wie es in einem spanischen Sprichwort so schön heißt. Wer die Reichtümer der Indianer nach Haus bringen will, muss deren Reichtümer bei sich tragen. Mit dem Reisen verhält es sich ebenso: Ein Mensch muss über Wissen verfügen, wenn er Wissen mit zurückbringen will.« Darüber hinaus beobachtete Sokrates zutreffend: »Hast du eine Landzunge, einen Berg, ein Meer, einen Fluss gesehen, dann hast du alle gesehen.« Und das war zweieinhalbtausend Jahre bevor der erste McDonald's in der Altstadt von Prag eröffnete.

Man sollte Klischees beim Schreiben und Sprechen vermeiden, aber sie können, wenn auch selten, wichtiger Ausdruck für Weitsichtigkeit sein. Mein Haus ist meine Burg. Ein Haus ist noch kein Zuhause. Zu Hause ist dort, woran das Herz hängt. Zu Hause ist es am Schönsten. Alles Trivialitäten, aber nichtsdestotrotz wahr. Vielleicht übertreiben und lügen Menschen, wenn es um die Bedeutung von Kunst oder Spiritualität in ihrem Leben geht, oder wenn sie sich um die Armut in der Gesellschaft Sorgen machen, aber man kann wohl jedem glauben, der sagt, er sei froh, wenn er am Ende des Tages nach Hause gehen kann. Vielleicht sagen manchen Menschen das nur, weil sie nicht mehr arbeiten wollen und ihre Tätigkeit ihnen keine Freude macht, aber im besten Fall bedeutet es auch, dass ihr Zuhause ihnen vorübergehenden Rückzug ermöglicht, an einem geschützten Ort der Erholung, an dem man sich heimisch fühlt und der oft eigenartigen und kalten Welt entfliehen kann. Im eigenen Bett, umgeben von den eigenen Dingen, fühlt sich jeder am wohlsten. Die erste Übernachtung außer Haus lehrt uns, egal wie gut wir den Freund, bei dem wir übernachten, kennen und mögen, egal wie schön sein Haus ist, dass Menschen in ihren eigenen vier Wänden oft seltsame Dinge tun. Das Haus der anderen riecht immer irgendwie komisch.

Manchmal macht man die wichtigsten und intensivsten Erfahrungen in einer armseligen Hütte. Ab meinem siebten Lebensjahr wuchs ich in der Vorstadt auf und als ich mit neunzehn von dort wegging, unternahm ich alles, um nie wieder dort leben zu müssen. Trotz der erdrückenden Eintönigkeit der Architektur und der Haltung der Bewohner, habe ich mich nirgendwo je wieder so sicher gefühlt wie in meiner Kindheit, als der Ofen während einer kalten Februarnacht vor sich hin blubberte und ich unter einem kleinen Berg von Decken, die meine Mutter über mir ausgebreitet hatte, lag, während meine Eltern gegenüber im Wohnzimmer saßen für den Fall, dass ich irgendetwas brauchte. Auch wenn ich heute derjenige bin, der die Gasrechnung bezahlt, und manchmal das Gefühl habe, ich sehe den Hundertdollarscheinen dabei zu, wie sie durch den Kamin davonfliegen, während die warme Luft aus der Heizung in das Schlafzimmer strömt, nur um gleich wieder durch die Fenster zu verschwinden, so stellt sich doch immer wieder ein Rest jener Gemütlichkeit von damals ein, wenn ich den Ofen zu Hause anmache. Anthony Burgess meinte, wenn man zu dem Essen steht, mit dem man groß geworden ist, dann lässt sich daraus auch eine geeignete Definition von Patriotismus entwickeln. Man braucht mehr als einen Reisepass und einen gepackten Koffer, um das eigene Zuhause hinter sich zu lassen.

Selbst die berühmten Exilanten, die (äußeren oder inneren Zwängen folgend) aus ihrer Heimat flohen, konnten ihr Zuhause und ihr Land nie ganz verlassen. Das Jahr für Jahr lauter werdende Glockengeläut und die Trillerpfeifen, die an den 16. Juni 1904 erinnern, den Bloomsday, den Tag, an dem James Joyce seine irische Odyssee im *Ulysses* spielen lässt, kündigen immer wieder einen Feiertag an, der Tag liefert den Anlass für eine Party und einen Vorwand für Universitätsprofessoren und andere Kulturbürokraten, sich ohne allzu schlechtes Gewissen über die Maßen zu betrinken. Wie die großen Literaturpreise, die gut fürs Geschäft sind, haben solche Feierlichkeiten einen rein kommerziellen Charakter, aber sie haben mit ihrem eigentlichen Anlass nichts zu tun, nämlich mit der in Joyce' Roman angelegten Möglichkeit, die Menschen zu bewegen, aufzurütteln und – hoffentlich – auch das Leben eines jeden einzelnen Lesers zu verändern.

Joyce selbst war ein in höchstem Maße auf seine Privatheit bedachter Mensch. Sein Leben drehte sich um drei Dinge: Schreiben, Heim und Familie. Und Alkohol. Wie der von ihm bewunderte Daidalos war er ein begnadeter Baumeister, der sich sein heimisches Leben einrichtete, wo immer seine Familie auch landete, einen Ort, an dem er die Dinge tun konnte, die er liebte, umgeben von Menschen, die er liebte. Wenn Joyce Besuch empfing, so war dieser unweigerlich überrascht, dass er in so einfachen Verhältnissen lebte (an die Wand gepinnte Bilder, die Möbel von der Stange, im ganzen Haus der Küchengeruch) – alles ähnlich wie in seiner Kindheit. Wenn die Besucher Iren waren oder gerade aus Irland kamen, nötigte er sie, ihm den neuesten Klatsch aus Dublin zu erzählen, oder verwickelte sie in eine Diskussion darüber, wer der beste irische Volksmusiksänger war.

Es fällt einem hier sofort Stephen Dedalus' Epiphanie in *Ein Portrait des Künstlers als junger Mann* ein: »Aus der Küche kam ihm der saure Geruch von verrottendem Kohl entgegen ... Er lächelte beim Gedanken, dass dieses Chaos seines Elternhauses in seiner Seele die Oberhand behalten hatte.« Wahre Künstler fliehen nicht aus der vertrauten Welt des Alltags, egal wie schlecht sie riechen mag; sie nehmen diese Eindrücke vielmehr auf und verarbeiten sie in ihrer Kunst. Auch wenn Joyce ab Mitte zwanzig mehr oder weniger dauerhaft im Exil lebte, ist er nie wirklich aus Dublin und den einfachen Verhältnissen, in denen er aufwuchs, weggekommen. Nicht umsonst hat er kaum über etwas anderes geschrieben.

Joyce' *Ulysses* gehört zu jenen Büchern, die jeder kennt, über die jeder eine Meinung hat, während nur wenige das Buch wirklich gelesen haben. Zur Abwechslung liegt hier die Schuld ausnahmsweise nicht allein bei der Welt. Wie Anthony Burgess richtig beobachtete: »Kein Gesicht leuchtet aus den Romanen von James Joyce hervor und das ist verwirrend« für die meisten Leser. Der Grund dafür ist, dass »[den meisten Lesern] diese Romane zu wortreich sind; Wörter, dieses notwendige Übel aus den Tagen der primitiven Kunst, erscheinen im Zeitalter der visuellen Medien irgendwie überflüssig ... Die meisten Leser von Romanen wollen unmittelbar auf den Inhalt zugreifen ohne die Zwischenebene eines Textes, der wahrgenommen werden will und mit diesem Inhalt konkurriert«. Wenn man anfängt den *Ulysses* zu verstehen – und was noch wichtiger ist, Gefallen daran zu finden – dann merkt man, dass die Hauptfiguren nicht Leopold oder Molly Bloom oder Stephen Dedalus sind, sondern die englische Sprache selbst und das, was sie kann und nicht kann.

Darüber hinaus ist der *Ulysses* trotz seiner ultraliterarischen Art (sowohl von der Form wie von der Wirkung) im Grunde genommen ein Loblied auf das Heimelige, ein langes kompliziertes Prosagedicht auf die angenehme Trivialität des Alltagslebens, ein Buch, das am Frühstückstisch beginnt und im Schlafzimmer endet. Der Leser trifft zum ersten Mal auf Leopold Bloom – jene Figur, die zehntausend Doktoranden zu unzähligen Verrenkungen getrieben hat –, als er die Zubereitung des Frühstücks für seine Frau unterbricht, um die Katze zu füttern. Das ist eine Szene von so strahlend häuslicher Trivialität – besonders im Vergleich zu den verschiedenen hochgestochenen sprachlichen und symbolischen Akten, in die sie eingebettet ist – dass sie allein durch diese ihre Normalität hervorsticht.

> Nieren beschäftigten seine Gedanken, während er sich sacht in der Küche umherbewegte und ihr das Frühstück richtete auf dem bucklig verzogenen Tablett. Eiskalt waren Licht und Luft in der Küche, doch draußen überall linder Sommermorgen. Er bekam richtig etwas Appetit.

Die Kohlen begannen sich zu röten.
Noch eine Scheibe Brot mit Butter: drei, vier, recht so.
Sie mochte ihren Teller nicht so voll. Recht so. Er wandte sich ab von dem Tablett, hob den Kessel vom Herdeinsatz und stellt ihn seitwärts aufs Feuer. Da hockte er, plump und vierschrötig, die Tülle vorgestreckt. Bald eine Tasse Tee. Gut. Trockener Mund. Die Katze umschritt steif ein Tischbein, den Schwanz in die Höh.
- Miau!
- Ah, da bist du ja, sagte Mr. Bloom, sich vom Feuer wendend.

Joyce hätte behaupten können, dass er verwirrte Universitätsprofessoren für einige Jahrhunderte beschäftigen wollte, aber eigentlich handelt dieser viel diskutierte und viel zu selten gelesene Roman von der Zubereitung des Frühstücks für die Familie, während man nebenbei mit der Katze spielt und Kohlen im Ofen nachlegt.

Die erste Wohnung, die ich ganz für mich hatte, war ein Zimmer im vierten Stock des Studentenheims: vier Betonwände in Ampelgelb gestrichen in der (misslungenen) Absicht, den ästhetischen Horror zu mildern, mit einem Klappbett, einem Stuhl, einem Schrank und einem kleinen Getränkekühlschrank am Kopfende des Betts, in dem ich meine Erdnussbutter und ein paar Dosen Bier kühlte, und den Waschräumen, die man mit fünfzehn anderen Bewohnern dieser Betonwüste teilte, am Ende des Gangs. Aber es war meins. Wenn mir nicht danach war, machte ich das Bett nicht. Ich schlief bei geöffneten Vorhängen. Im Radio lief die ganze Zeit ein Sender mit Jazzmusik, selbst wenn ich zu Vorlesungen ging (auch wenn ich mir nicht viel aus Jazz machte, es gehörte irgendwie dazu in Toronto). Ich blieb die halbe Nacht über wach, las Bücher, die nicht auf den Literaturlisten meiner Vorlesungen standen, und hielt mich mit kalter Pizza am Leben, die ich morgens um drei im Bett aß, dazu Pepsi aus der Anderthalb-Liter-Flasche.

Manchmal übermannte mich der Gedanke, dass da draußen vor meinem Fenster Millionen anderer Menschen ihr Leben in ihren Wohnungen auf ihre ganz eigene Art und Weise lebten – einschließlich, wie in den Zeitungen zu lesen war, Mord, Totschlag und Schießereien – aber ich fühlte mich in meinem kleinen Betonbunker sicher, oder zumindest sicher genug, um damit meinen ersten gelungenen Versuch des Alleinlebens zu erleben, wie ihn der Dichter William Copwer sich wünschte: »Ach hätte ich eine Hütte in tiefster Wildnis / im endlosen Schatten / Wo unterdrückte Gerüchte und Falschmeldungen / über gewonnene und verlorene Kriege / mich nie wieder erreichen.« Mich erreichten sie vielleicht, aber sie blieben draußen vor der Türe. Vor meiner Türe.

Wohnt man alleine, so kann man es sich sicherlich äußerst gemütlich machen; aber es macht mehr Spaß, wenn die richtige Mischung aus Menschen und Tieren zusammenkommt, um einen Ort zu beleben und ihn zum liebenswerten Platz zu machen. Ich habe das Glück, die letzten zwanzig Jahre mit ein und derselben Partnerin und jetzt dem zweiten von zwei gesunden Hunden verbracht zu haben. »Eines der ältesten menschlichen Bedürfnisse ist der Wunsch nach jemanden, der sich Sorgen macht, wenn man nachts nicht nach Hause kommt«, schrieb Margaret Mead, und ich bin in der glücklichen Lage, jemanden zu haben, zu dem ich nach Hause kommen kann und der sich Sorgen macht, wenn ich nicht komme. Aber es scheint immer eine Grenze zu geben, wenn es um die eigene Domestizierung geht. Ich habe zum Beispiel nie geglaubt, dass mein Bedürfnis nach einem abendlichen Ausflug in die Kneipe je nachlassen würde.

Eine gute Nachbarschaftskneipe war für mich immer die Möglichkeit, nicht daheim und doch zu Hause zu sein. Ein Ort, an dem man leicht Kontakte knüpfen kann, aber dennoch am Ende des Abends in der befreienden Anonymität von Fremden ist. Aber es kommt die Zeit, da ist der Weg bis ans Ende der Straße zu weit, es sei denn, der Betrunkene, der einem dort ins Ohr labert, ist der Betrunkene, den man seit zehn Jahren kennt, auf dessen Hochzeit man war und dessen Kindern man zu Weihnachten Geschenke kauft. Wenn dann noch zu häufig zu laute und schlechte Musik dazukommt, sowie überteuerte Getränke, dann merkt man, dass man alt wird.

Dann kauften wir eine Couch. Das mag im ersten Moment nicht nach einer besonders großen Investition klingen, aber wir hatten das jahrelang vor uns hergeschoben. Es geschah selten, dass wir mehr Leute zu Besuch hatten, als dass wir sie mit zwei zusätzlichen Stühlen nicht in unserem kombinierten Bibliotheks- und Musikzimmer hätten unterbringen können, und obwohl wir immer genügend Geld gehabt hatten, um uns ein Dach über dem Kopf zu leisten, so blieb am Ende des Monats doch meist zu wenig übrig, um mehr als Heizung und Strom zu bezahlen. Als wir dann endlich die große Anschaffung getätigt hatten – gebraucht und preisgünstig, aber braun und kuschelig, wie es sich für eine Couch gehört – begann völlig unerwartet und plötzlich die zweite Phase meines Lebens als trinkender Mensch. Statt des Tresens in der Kneipe hatten wir jetzt eine Couch und mit meiner Frau am einen Ende mir am anderen und dazwischen der schlafende Hund, genügte die eine oder andere Flasche Wein und ein paar Schallplatten und fertig war unser Kneipenabend zu Hause. Fast ein Jahr lang musste ich mir dann, wenn ich gelegentlich noch in meiner ehemaligen Stammkneipe vorbeikam, die Frage anhören, ob ich das Trinken aufgegeben hätte oder im Gefängnis gewesen sei. Nö, sagte ich, ich bin die ganze Zeit daheim rumgehangen.

In Lord Byrons Gedicht *Don Juan* findet man folgende Erkenntnis:

> Süß klingt der Haushund' ehrliches Gebell,
> Wann sie zu dumpfem Willkomm Chorus machen;
> Süß ist, zu wissen, dass zwei Augen hell
> Ausschaun nach uns und, wenn wir kommen, lachen […]

Das ist der Stoff aus dem kitschige Filme und tränenreich sentimentale Balladen sind, nichtsdestotrotz, es trifft den Punkt. Wir wollen alle das Gleiche: Anerkennung, Wohlwollen, warmes Willkommen. Wir wollen alle nach Hause.

TOD

Oh, was sind diese Friedhöfe einsam
Oh Herr, was für ein verlassener Ort
Man dreht dich auf den Rücken und
wirft dir Erde ins Gesicht

JIMMIE RODGERS

Das war's dann. Ausgelöscht, Vergessen, vernichtet. Egal wie viele Gründe man für das Leben hat und egal wie sehr man sie fröhlich kultiviert, der Tod ist unausweichlich. Ein jeder stirbt. Wie der nach Luft schnappende Fisch auf dem Boden des Bootes, wie das Eichhörnchen, überfahren und plattgedrückt auf dem Asphalt, wie alle vor uns und nach uns. »Der Tod ist eine Schuld, die jeder begleichen muss«, schrieb Euripides. Manch einer findet die Zinsen etwas überhöht. Für manche ist es mehr als eine Zumutung.

Sartre meinte, das Leben verliere seinen Sinn in

dem Moment, in dem man »der Illusion verlustig geht, es dauere ewig«. Auch wenn diese existenzialistische Sichtweise ein bisschen an die pubertäre Haltung des »Wenn du nicht mit mir spielst, dann nehme ich meine Spielsachen und geh wieder nach Hause« erinnert, so gilt doch unleugbar der Spruch von Albert Camus, dem Autor des Absurden und Sartres Schüler: »Dieses nostalgische Streben nach Einheit, die Gier nach dem Absoluten bringt den wesentlichen Antrieb des menschlichen Dramas zum Vorschein.« Noch besser kommt dies in folgendem Gedicht von Stephen Crane zum Ausdruck:

> Ich sah einen Mann, der zum Horizont strebte;
> Er ging immer im Kreis herum.
> Ich war verwirrt
> Und sprach ihn an.
> »Es ist umsonst«, sagte ich,
> »Du wirst nie –«
>
> »Du lügst«, schrie er,
> Und rannte weiter.

Die gute Nachricht ist, dass wir alle möglichen interessanten und manchmal nützlichen Dinge tun, weil wir als Menschen sinnsuchende und sinnproduzierende Wesen sind – Kunst, Philosophie, Religion, um nur ein paar zu nennen. Die schlechte Nachricht ist, dass wir, wenn wir dieses Sinn- und Zweckdenken, unsere Neigung, auf ein Ziel hin die Dinge zu betreiben, auf uns und unsere Position im Kosmos anwenden, wir ziemlich schnell an Bedeutung und Wert verlieren. Nochmals Crane zu diesem Thema, der den existenziellen Nagel (schmerzvoll) auf den Kopf trifft:

> Ein Mann sprach zum Universum:
> »Mein Herr, ich existiere!«
> »Jedoch«, erwiderte das Universum,
> »aus dieser Tatsache erwächst mir
> keinerlei Verpflichtung.«

Im Angesicht der kalten Indifferenz des Universums hat der Mensch nach Camus drei Möglichkeiten: Selbstmord, Vertrauen oder Einsicht. Wie Wilfred Sheed es prägnant formuliert, »Selbstmord ist ... die ernsthafteste Form der Kritik, die am Leben geübt werden kann«: man nimmt nicht nur seine Spielsachen und geht wieder heim, sondern macht sie kaputt und zündet zugleich noch das Haus an, während man drinnen ist.

Man kann auch Kierkegaards »religiöses Stadium« heranziehen, die irrationale Bedeutung des Lebens akzeptieren (z.B. eine Religion, die eine personalisierte Form der Unsterblichkeit postuliert). Camus hingegen sieht in dem Rückzug auf die Religion eine Variante des Selbstmords – sozusagen eine Art »philosophischer Selbstmord« – und keineswegs eine befriedigende und ehrliche Lösung der drängenden Fragen der Existenz.

Schließlich kann man sich für eine Haltung entscheiden, die anerkennt, dass unsere Existenz prinzipiell sinnlos ist, was uns die Freiheit – und die Würde und die Bedeutung – verleiht, die Absurdität des eigenen Lebens anzuerkennen. »Die einzige Möglichkeit, mit einer unfreien (d. h. gegenüber dem Leben indifferenten) Welt zurechtzukommen«, schrieb Camus, »besteht in absoluter Freiheit, sodass das eigene Leben selbst zu einem Akt der Rebellion wird.« Für den Rebellen selbst gilt dann: »Wenn es eine Sünde wider das Leben gibt, dann besteht diese … in der Hoffnung auf ein anderes Leben und darin, sich der Scheinrealität des eigenen Lebens zu entschlagen.« Das heißt dann unterm Strich: Du wirst sterben, nichts, an was du geglaubt, was du geliebt hast, wird überleben, aber wenigstens hast du dir nichts vorgemacht. Aufrichtigkeit ist der Trost und Stolz freier Männer und Frauen.

Der Versuch, den Stachel des Todes und damit die Flüchtigkeit des Lebens zu mildern, wurde in den unterschiedlichsten und in weitaus weniger systematischen Variationen unternommen. Eine Version beginnt mit der Frage, was denn die Eliminierung des Todes schlussendlich bringen würde? Wäre das Leben dann nicht ein endlos ermüdendes Déjà-vu, eine ermüdend endlose Wiederholung, in der man selbst die Hauptrolle spielt und dabei immer wieder die gleichen Empfindungen, Gedanken und Handlungen hervorbringt? H.L. Menckens Auffassung lautet: »Wenn ich sterbe, werde ich zufrieden sein und ins Nichts verschwinden ... Keine noch so gute Show kann ewig aufgeführt werden.« Charles Saunders Pierce dachte, es gäbe einen anderen Grund, dankbar für die menschliche Sterblichkeit zu sein: »Wäre der Mensch unsterblich«, so seine These, »so würde er den Tag erleben, an dem alles, an das er geglaubt, dem er vertraut hat, sich als Betrug erweisen würde und letztlich würde er dann in bodenlose Traurigkeit verfallen. Er würde zusammenbrechen, fände sein Ende wie jede Glückssträhne, jede Dynastie, jede Zivilisation. Statt so zu enden sterben wir.« Abgesehen davon, wer unter den Menschen wäre in der Lage, Unsterblichkeit nicht nur zu schätzen, sondern würde dieses außerordentliche Geschenk wirklich verdienen? Die frühe, sehr populäre aber heute in Vergessenheit geratene englische Schriftstellerin Susan Ertz meinte »Millionen Menschen, die nicht wissen, was sie mit sich an einem verregneten Wochenende anfangen sollen, wünschen sich Unsterblichkeit.« Im Angesicht der Vorstellung einer Ewigkeit, die aus verregneten Wochenenden besteht, erscheint ein Abgang durch Tod – besonders wenn man diese Wochenenden im Bett, Badezimmer und sonst wo verbringen müsste – durchaus als erwägenswerte Alternative.

Es gibt auch Argument für die schiere Bedeutungslosigkeit des Todes. (»Der Tod bedeutet uns nichts«, heißt es bei Epikur. »Denn was sich auflöst, hat keine sinnliche Empfindung mehr, und was keine sinnliche Empfindung hat, bedeutet uns nichts.«) Es gibt die Ansicht, dass der ganze Ärger einfach die Folge einer gewissen Kurzsichtigkeit ist (»Der Tag, den wir mit Schrecken als unseren letzten sehen, ist der Geburtstag der Ewigkeit«, so Seneca). Gerne wird auch daran erinnert, dass der Tod der große Gleichmacher, der ultimative Demokratisierer sei (»Sie sterben den gleichen Tod, der Müßiggänger und der Held«, schrieb Homer). Tröstlich auch die Vorstellung, der Tod sei das Ende aller Sorgen und Schmerzen, die das Leben für uns bereithält (»Der Tod ist die Befreiung von allen Sinneseindrücken«, stellte Marc Aurel fest, »er erlöst uns von den Trieben, die uns leiten, von den Verwirrungen des Geistes und den Erschwernissen unserer fleischlichen Existenz.« Emily Brontë fasste das Ganze etwas einfacher: »Ach die Zeit, wenn ich schlafen werden/ohne Identität«). Darüber hinaus gibt es jede Menge Scherze über das Ableben und man pfeift im Dunklen beim Gedanken an den Friedhof (»Der Tod ist eine langweilige Angelegenheit«, meinte Somerset Maugham, »und ich rate dazu, sich damit nicht einzulassen«). Und so weiter.

Natürlich glaubt das niemand. Nicht wirklich. Oder nicht ausreichend, um wirklich etwas zu ändern. Selbst das ausgefeilteste philosophische System kann mitten in der Nacht in sich zusammenfallen. »Gegen andere

Bedrohungen kann man Sicherheitsmaßnahmen ergreifen«, beobachtete Epikur zutreffend, »aber hinsichtlich des Todes leben wir alle in einer Stadt ohne Mauern.« Was uns neben den umgreifenden Daumen und der Fähigkeit zur Selbsttäuschung von allen anderen Lebewesen unterscheidet, ist das Bewusstsein unserer eigenen Sterblichkeit. Der Tod, schrieb Montaigne, »erschreckt uns, da er eine ständige Quelle der Qual ist, die man nicht abstellen kann; wir können unseren Kopf hin und her wenden, wie in einem Land, das uns nicht geheuer ist: der Tod hängt immer über uns.«

Wenn man den Tod schon nicht vergessen kann, er sich nicht wegdiskutieren lässt, warum ihn dann nicht einfach akzeptieren und dahingehend nutzen, dass er unsere Glückseligkeit zu Lebzeiten erhöht? Wenn uns das Leben mit der Aussicht auf einen Herzstillstand, verrottendes Fleisch und Vergessenheit auf ewig beschenkt, warum setzen wir uns nicht hin und mixen uns eine Limonade? Oder irgendetwas anderes Erfrischendes?

Wenn man zwölf Jahre alt ist, sind die Sommerferien fast so gut wie Weihnachten. Gut, es gibt keine Geschenke, aber man ist frei – zwei ganze Monate lang. Man ist zu alt, um dauernd von der Mutter oder einem Babysitter überwacht zu werden (ganz im Gegenteil, wenn man nämlich im Haus herumhängt, bekommt man statt mütterlicher Dankbarkeit den Vorwurf »Warum gehst du nicht raus und spielst?«), man ist gleichzeitig noch zu jung, um schon einen Ferienjob anzunehmen, wo man dann die harte Lektion lernt, dass freie Zeit ein wertvolles Gut ist und dass Geld am besten darin angelegt ist, sich diese Zeit zu kaufen. Die Schule macht beinahe Spaß, wenn die Sommerferien sich nähern, anstelle von Mathematik wird dann manchmal Fußball gespielt und die Fenster des Klassenzimmers sind weit geöffnet, um den sommerlichen Geruch von frisch gemähtem Gras hereinzulassen. Man unternimmt einen ganztägigen Ausflug am Wandertag, Mutter gibt einem Geld mit für Hotdogs, Orangensaft und Chips.

Am Anfang ist das gut. Besser als gut: unglaublich gut. Man kann abends aufbleiben und das Spätprogramm im Fernsehen schauen, schlafen, solange man will, jeden Morgen seine Freunde treffen, um Hockey oder Baseball zu spielen oder mit dem Fahrrad ins Schwimmbad zu fahren. Man trifft jeden Tag auf den Eiscremeverkäufer, der mit seinem Fahrrad durch die Nachbarschaft fährt – irgend so ein armer schwitzender Teenager, der für 2 Dollar die Stunde arbeitet – und jeden Tag ist Samstag und es erscheint unvorstellbar, dass es jemals wieder September wird und die Schule beginnt.

Aber das Ganze wird unweigerlich von Tag zu Tag langweiliger, die Shows im Fernsehen sind alle doof oder Wiederholungen oder beides, und die besten

Freunde entpuppen sich als ziemliche Trottel, und was das Schlimmste ist: man beginnt sich selbst zu langweilen. Man ist nicht in der Schule und trotzdem ist es langweilig. Jeden Morgen schleppt man sich zum Küchentisch, um Cornflakes zu essen, und fragt sich, was man den ganzen Tag über machen soll, wie man die leeren Stunden, die vor einem liegen, am besten füllen könnte. Wenn der August kommt, muss einen die Mutter von der Couch herunterjagen, wo man es sich zufrieden gemütlich gemacht hat, während man das Vormittagsprogramm in Fernsehen schaut, Sendungen, die man eigentlich nie gemocht hat. Fast wünscht man sich, dass die Schule wieder anfängt.

Dagegen die Tage, an denen es heftig schneit. Unerwartete, immer wieder überraschende Schneetage. Wenn man aufwacht und die Nachrichten im Radio hört (»Die folgenden Schulen sind heute geschlossen …«), kann man es kaum erwarten, den Schlitten oder sonst ein Gerät zu packen und dann nichts wie los, und keine Zeit verlieren, denn niemals fällt die Schule an zwei Tagen hintereinander aus und daher läuft jetzt die Uhr. Niemand empfindet Langeweile an so einem Schneetag. Die besten Tage sind immer die gestohlenen.

Wenn selbst unsere Ferien in der Kinderzeit spannender und schöner erscheinen – und lebendiger –, wenn wir wissen, dass sie nur begrenzt sind, warum sollte das Gleiche nicht auch für unser Leben gelten?

Statt den Tod als Negation des Lebens zu sehen – ein bitterer Schatten, der alles in ein ätzendes Licht taucht –, warum ihn nicht als Ansporn verstehen, als etwas, das uns hilft, mehr zu arbeiten und zu tun, langsamer zu gehen, freier zu lieben, weniger zurückhaltend zu leben? »Die sichere Perspektive des Todes könnte uns das Leben mit einem wertvollen Schuss Leichtigkeit versüßen«, meinte Nietzsche – »aber ihr Apothekerseelen habt daraus ein Gift gemacht, das das Leben abstoßend macht.« Der Tod ist nicht die Ablehnung des Lebens. Im Gegenteil – ohne ihn würde das Leben viel an Bedeutung und Sinn verlieren.

Unglücklicherweise fangen die meisten Menschen erst im Angesicht der ernsten Bedrohung an, ihr Leben als das zu erkennen, was es ist – etwa wenn sie mit einer lebensbedrohlichen Krankheit oder einem tödlichen Unfall konfrontiert sind. Erst in solchen Situationen sind die Worte von Ecclesiastes mehr als nur fromme Prosa und werden zu einer Aufforderung, die jedem nahegeht:

> Genieße das Leben mit der Frau, die du liebst, all die flüchtigen Tage, die Er dir unter der Sonne gewährt; denn das ist dein Lohn im Leben und Leiden, das dir hienieden widerfährt. Was immer du zu tun hast, tue es mit aller Kraft; denn dort unten, wo du hingehen wirst, gibt es nichts zu tun, zu planen, kein Wissen und keine Weisheit.

Die teuersten Schallplatten, die ich besitze, sind nicht notwendigerweise meine Lieblingsplatten. Sie waren teuer, weil sie selten sind. Ich habe andere Platten, die ich öfters höre und von ihrem musikalischen Gehalt her besser finde, aber die, nach denen ich lange gesucht habe, die schwer zu bekommen waren, sind diejenigen, die ich am meisten schätze. Alan Wilson und Bob Hite, die kreativen Köpfe hinter der Bluesband *Canned Heat,* waren obsessive Sammler von Bluesplatten lange bevor sie professionelle Musiker wurden. Es heißt, sie seien so fanatisch gewesen, dass, wenn sie ein weiteres Exemplar einer ihrer Lieblingsplatten irgendwo sahen, sie es kauften und zerstörten, nur damit das Exemplar in ihrer Sammlung noch wertvoller werde. Beide sind seit langer Zeit tot, und so weiß man nicht, ob diese Geschichte erfunden ist. Ich fände es schön, wenn sie wahr wäre.

BIBLIOGRAFIE

EINLEITUNG

*Robinson Jeffers: *The Selected Poetry of Robinson Jeffers*, Palo Alto 2001

**Friedrich Nietzsche: *The Portable Nietzsche*. Herausgegeben und übersetzt von Walter Kaufmann, London 1985

Henry David Thoreau: *Walden oder Leben in den Wäldern*, Köln 2009

Seneca: *Epistulae morales ad Lucilium – Briefe an Lucilius über Ethik*, Stuttgart 1986–2000

Albert Camus: *Der Mythos des Sisyphos*, Reinbek ¹⁴2000

**The Oxford Dictionary of Medical Quotations*, Herausgegeben von Peter McDonald, Oxford 2005

ARBEIT

*Philip Larkin: *Collected Poems*. Herausgegeben und mit einer Einleitung von Anthony Thwaite, London 1990

Pascal: *Gedanken*. Mit einem Kommentar von Eduard Zwierlein, Köln 2011

*James Parton: *Life of Voltaire*, Boston, New York 1881 [Neuauflage 2008]

*Jack Flam: *Matisse on Art*, Berkeley 1995

**Gustave Flaubert: *The Letters of Gustave Flaubert 1830–1857*. Ausgewählt, herausgegeben und übersetzt von Francis Steegmuller, Cambridge, Massachusetts, 1980

*Mordecai Richler: *Broadsides*, New York 1990

*Thomas Carlyle: *Past and Present*, London 1872

**Dictionary of Quotations*. Herausgegeben von Manoranjan Kumar, Neu-Delhi 2008

**The Columbia Dictionary of Quotations*. Herausgegeben von Robert Andrews, New York 1993

LIEBE

*Philip Larkin: *Collected Poems*. Herausgegeben und mit einer Einleitung von Anthony Thwaite, London 1990

Emily Dickinson: *Gedichte*, Frankfurt 2011

*George Santayana: *The Life of Reason or The Phases of Human Progress*, New York 1919

**Ten Thousand Leaves*. Übersetzt aus dem Japanischen ins Englische von Harold Wright, New York 1986

**Gustave Flaubert: *The Letters of Flaubert 1830–1857*. Ausgewählt, herausgegeben und übersetzt von Francis Steegmuller, Cambridge, Massachusetts, 1980

**Routledge Dictionary of Religious and Spiritual Quotations*. Herausgegeben von Geoffrey Parrinder, Abingdon 2000

William Shakespeare: *Sämtliche Werke in vier Bänden*. Komplett und neu kommentiert, Berlin 2009

*e.e. cummings, *22 and 50 Poems*, New York 2001

Simone Weil: *Schwerkraft und Gnade*, München 1992

RAUSCH

*Lord Byron: *Selected Poetry and Prose*, Herausgegeben von Donald A. Low, Abingdon 1995

Seneca: *Epistulae morales ad Lucilium – Briefe an Lucilius über Ethik*, Stuttgart 1986–2000

Bertrand Russell: *Die Eroberung des Glücks: Neue Wege zu einer besseren Lebensgestaltung*, Berlin [17]1977

Dictionary of Quotations. Herausgegeben von Connie Robertson, Hertfordshire 1998

William Burroughs: *Naked Lunch: Die ursprüngliche Fassung*. Herausgegeben von James Grauerholz und Barry Miles, Reinbek [2]2011

*John White: *Billie Holiday: Her Life and Times*, Gloucestershire 1987

James Boswell: *Dr. Samuel Johnson: Leben und Meinungen*, Zürich 2008

*V. V. B. Rama Rao: *Graham Greene's Comic Vision*, Neu-Delhi 1990

**The Columbia Dictionary of Quotations*. Herausgegeben von Robert Andrews, New York 1993

*Lord Byron: *The Works of Lord Byron: Including the Suppressed Poems*. A. und W. Galignini, 1826

*Thomas Moore: *The Poetical Works of Thomas Moore*. Herausgegeben von A. D. Godley und Humphrey Milford, Oxford 1924

**Quote Unquote*. Herausgegeben von M.P. Singh, Neu-Delhi 2006

*A.E. Houseman: *The Collected Poems of A. E. Houseman*, London, 1948

**Poems from the Greek Anthology*. Übersetzt von Dudley Fitts, New York 1956

*Robert Greenfield: *Dark Star: An Oral Biography of Jerry Garcia*, New York 1996

*Blair Jackson: *Jerry Garcia: An American Life*, London 2000

*Chris Wrigley: *Winston Churchill: A Biographical Companion*, Santa Barbara 2002

William Shakespeare: *Sämtliche Werke in vier Bänden*. Komplett und neu kommentiert, Berlin 2009

James Boswell: *Dr. Samuel Johnson: Leben und Meinungen*, Zürich 2008

Cyril Connolly: *Das ruhelose Grab*, Frankfurt am Main 2006

*Cyril Connolly: *The Condemned Playground*, London 1946

KUNST

*Deal W. Hudson und Matthew J. Mancicni: *Understanding Maritain*, Macon 1987

*Brian McGuinness: *Approaches to Wittgenstein*, Abingdon 2002

Uncommon Sense. Herausgegeben von Joseph Telushkin, New York 1987

20th-Century Poetry & Poetics. Herausgegeben von Gary Geddes, Oxford 1969

Vladimir Nabokov: *Die Kunst des Lesens*, Frankfurt am Main 1991

*The Creative Process. Herausgegeben und mit einer Einleitung von Brewster Ghiselin, Berkeley 1985

*Cleanth Brooks: *Fundamentals of Good Writing*, Fitts Press 2007

*The Paris Review Interviews, 4. Bd., Herausgegeben von George Plimpton und mit einer Einleitung von Wilfred Sheed, London 1976

*Marianne Moore: *The Complete Poems of Marianne Moore*, London 1987

DIE MATERIELLE WELT

*Edna St. Vincent Millay: *Collected Lyrics of Edna St. Vincent Millay*, New York 1966

Pascal: *Gedanken*. Mit einem Kommentar von Eduard Zwierlein, Köln 2011

*Emily Dickinson: *The Complete Poems of Emily Dickinson*, London 1960

*Civilization's Quotations: Life's Ideal. Herausgegeben von Richard Alan Krieger, New York 2002

Walt Whitman: *Grashalme*, Köln 2009 [auch: Stuttgart 1991]

*Milton Hindus: *Walt Whitman: The Critical Heritage*, Abingdon 1997

*Walt Whitman & the World. Herausgegeben von Gay Wilson Allen und Ed Folsom, Iowa City 1995

Michel E. de Montaigne: *Essais: Sämtliche 107 Essays*. Nach der ersten deutschen Gesamtausgabe von Johann Daniel Tietz, Frankfurt 2000

*Quote Unquote. Herausgegeben von M. P. Singh, Neu-Delhi 2006

Walt Whitman: *Grashalme*, Köln 2009 [auch: Stuttgart 1991]

**Civilization's Quotations: Life's Ideal*. Herausgegeben von Richard Alan Krieger, New York 2002

Charles Baudelaire: *Intime Tagebücher und Essays*, München 1978

*J. Harvey Lomax: *The Paradox of Philosophical Education*, Lanham, New York, 2003

Cyril Connolly: *Das ruhelose Grab*, Frankfurt am Main 2006

**The Routledge Dictionary of Latin Quotations*, Abingdon 2005

William Shakespeare: *Sämtliche Werke in vier Bänden*. Komplett und neu kommentiert, Berlin 2009

*Alfred Perlès: *My Friend Henry Miller*, o. O. 1956

**The Norton Anthology of English Literature*, New York 1975

**The Viking Book of Aphorisms, A Personal Selection by W. H. Auden and Louis Kronenberger*, New York 1981

INDIVIDUALITÄT

**Dictionary of Quotations*. Hg. v. Manoranjan Kumar, Neu-Delhi 2008

**Friedrich Nietzsche: *The Portable Nietzsche*. Herausgegeben und übersetzt von Walter Kaufmann, London 1985

*John Dos Passos: *Occasions and Protests*, Chicago 1964

*Ezra Pound: *The Spirit of Romance*, New York 2005

*Henry David Thoreau: *Early Spring in Massachusetts*, Boston 1893

**Periodical Literature in Eighteenth-Century America*. Herausgegeben von Mark Kamrath und Sharon M. Davis, Knoxville 2005

*Allen Ginsberg: *Allen Verbatim*. Herausgegeben von Gordon Ball, New York 1975

**America I AM Legends: Rare Moments and Inspiring Words*, Carlsbad 2009

**20th-Century Poetry & Poetics*. Herausgegeben von Gary Geddes, Oxford 1969

Henry David Thoreau: *Walden oder Leben in den Wäldern*, Köln 2009

Friedrich Nietzsche: *Die Geburt der Tragödie*, Köln 2012

Friedrich Nietzsche: *Zur Genealogie der Moral*, Stuttgart 1988

Die Beach Boys und Brian Wilson. Herausgegeben von Kingsley Abbott, St. Andrä-Wördern 1998

*Steven Gaines: *Heroes and Villains*, Cambridge, Massachusetts, 1995

*Peter Ames Carlin: *Catch a Wave: The Rise, Fall & Redemption of the Beach Boys' Brian Wilson*, Emmaus 2006

William Shakespeare: *Sämtliche Werke in vier Bänden*. Komplett und neu kommentiert, Berlin 2009

HUMOR

**Quote Unquote*. Herausgegeben von M. P. Singh, Neu-Delhi 2006

*Walter Leuba: *George Saintsbury*, New York 1967

*Laurence Sterne: *The Works of Laurence Sterne*, Bd. 1, John Myeth 1854

*Anthony Burgess: *One Man's Chorus*. Ausgewählt und mit einer Einleitung von Ben Forkner, New York 1998

Worth Repeating: More than 5000 Classic and Contemporary Quotes. Herausgegeben von Bob Kelly, Grand Rapids 2003

*Lawrence C. Ross Jr.: *The Ways of Black Folks: A Year in the Life of a People*, New York 2004

*Sol Steinmetz: *Semantic Antics: How and Why Words Change Meaning*, New York 2008

**Orient Book of Quotations*, Neu-Delhi 2008

*Donald Yannella: *Ralph Waldo Emerson*, New York 1982

SINN

William Shakespeare: *Sämtliche Werke in vier Bänden*. Komplett und neu kommentiert, Berlin 2009

*Friedrich Nietzsche: *The Portable Nietzsche*. Herausgegeben und übersetzt von Walter Kaufmann, London 1985

*Voltaire: *The Portable Voltaire*, London 1977

*Paul Tillich: *The Essential Tillich*. Herausgegeben von F. Forrester Church, Chicago 1999

Paul Klee: *Tagebücher: 1898–1918*. Bearbeitet von Wolfgang Kersten. Herausgegeben von der Paul-Klee Stiftung, Stuttgart 1988

Charles Baudelaire: *Der Spleen von Paris. Kleine Prosagedichte*. Herausgegeben, übertragen und eingeleitet von Irène Kuhn, Darmstadt 2011

**Dictionary of Quotations*. Herausgegeben von Manoranjan Kumar, Neu-Delhi 2008

*Bertrand Harris Bronson: *Johnson Agonistes and Other Essays*, Berkeley 1946

*William Hazlitt: *Sketches and Essays*, London 1839

Simone Weil: *Schwerkraft und Gnade*, München 1992

Victor E. Frankl: *Der Mensch auf der Suche nach Sinn*, Freiburg, Basel, Wien 1976

**The Viking Book of Aphorisms, A Personal Selection by W. H. Auden and Louis Kronenberger*, New York 1981

FREUNDSCHAFT

*George Eliot: *Wit and Wisdom of George Eliot: with a Biographical Memoir*, Boston 1886

*Ralph Waldo Emerson: *Essays and Poems by Ralph Waldo Emerson*. Herausgegeben von Peter Norberg, New York 2004

*Ralph Waldo Emerson: *Emerson in his Journals*. Ausgewählt und herausgegeben von Joel Porte, Cambridge, Massachusetts, 1982

**The Complete Greek Tragedies*, 4. Bd. Herausgegeben von David Grene und Richard Lattimore, Chicago 1958 [Euripides]

*Richard Warrington Baldwin Lewis: *Edith Wharton: A Biography*, New York 1975

*Cyril Bailey: *The Greek Atomists and Epicurus*, New York 1964

William Shakespeare: *Sämtliche Werke in vier Bänden*. Komplett und neu kommentiert, Berlin 2009

*A. W. Price: *Love and Friendship in Plato and Aristotle*, Oxford 1990

Pascal: *Gedanken*. Mit einem Kommentar von Eduard Zwierlein, Köln 2011

EINSAMKEIT

*Quote Unquote. Herausgegeben von M. P. Singh, Neu-Delhi 2006

*Dictionary of Quotations. Herausgegeben von Manoranjan Kumar, Neu-Delhi 2008

*Henry David Thoreau: *I to Myself: An Annotated Selection from the Journal of Henry D. Thoreau.* Herausgegeben von Jeffrey S. Cramer, New Haven, London 2007

Henry David Thoreau: *Walden oder Leben in den Wäldern*, Köln 2009

*Ralph Waldo Emerson: *Selected Writings of Ralph Waldo Emerson*, New York 2003

**Friedrich Nietzsche: *The Portable Nietzsche.* Herausgegeben und übersetzt von Walter Kaufmann, London 1985

Georg Christoph Lichtenberg: *Aphorismen*, Köln 2012

Thomas Merton: *Das Zeichen des Jonas*, Einsiedeln 1954

*Blake Bailey: *A Tragic Honesty: The Life and Work of Richard Yates*, New York 2003

W. B. Yeats: *Die Gedichte*, München 2005

Marc Aurel: *Selbstbetrachtungen*, Wiesbaden ⁴2011

**The Norton Anthology of English Literature*, New York 1975

DER KRITISCHE GEIST

*Edmund Wilson: *Upstate*, Syracuse, New York, 1990

*Edmund Wilson: *The Portable Edmund Wilson.* Herausgegeben, mit einer Einleitung und Anmerkungen versehen von Lewis M. Dabney, New York 1983

Francis Bacon: *Essays*, Stuttgart 1986

*Jeffrey Meyers: *Samuel Johnson: The Struggle*, New York 2008

*Alfred Kazin: *Contemporaries. The New and Revised Edition*, Far Hills, New Jersey, 1982

*Alfred Kazin: *New York Jew*, Syracuse, New York, 1996

*George Orwell: *Essays, Journals, and Letters*, 4. Bd. Herausgegeben von Sonia Orwell und Ian Angus, Boston 2000

*Edmund Burke: *Appraisals and Applications*. Herausgegeben von Daniel E. Ritchie, New Brunswick, New Jersey, 1990

Seneca: *Epistulae morales ad Lucilium – Briefe an Lucilius über Ethik*, Stuttgart 1986–2000

LOBPREIS

*Ralph Waldo Emerson: *Essays and Poems by Ralph Waldo Emerson*. Herausgegeben von Peter Norberg, New York 2004

*Jim Harrison: *The Beast That Time Forgot to Invent*, New York 2000

**Friedrich Nietzsche: *The Portable Nietzsche*. Herausgegeben und übersetzt von Walter Kaufmann, London 1985

*e. e. cummings: *100 Selected Poems*, New York 1959

Harvey Cox: *Das Fest der Narren*, Gütersloh 1977

**Nabokov at Cornell*. Herausgegeben von Gavriel Shapiro, Ithaca 2003

*Al Alvarez: *The Writer's Voice*, New York 2005

**The Norton Anthology of English Literature*, New York 1975

*Ben Belitt: *The Forged Feature: Toward a Poetics of Uncertainty: New and Selected Essays*, Bronx, New York, 1995

*Joseph Conrad: *The Nigger of Narcissus and The End of the Tether*, New York 1960

*W. H. Auden: *Collected Poems*. Herausgegeben von Edward Mendelson, New York 1991

PFLICHT

William Shakespeare: *Sämtliche Werke in vier Bänden*. Komplett und neu kommentiert, Berlin 2009

**Civilization's Quotations: Life's Ideal*. Herausgegeben von Richard Alan Krieger, New York 2002

Plutarch: *Moralia*, Wiesbaden 2011 [auch: *Moralphilosophische Schriften*, Stuttgart 1997]

*Ralph Waldo Emerson: *Selected Writings of Ralph Waldo Emerson*, New York 2003

*C. D. Yonge and Keith Seddon: *A Summary of Stoic Philosophy*

Aristoteles: *Politik*, Berlin ²2011

Seneca: *Epistulae morales ad Lucilium – Briefe an Lucilius über Ethik*, Stuttgart 1986–2000

*Henry James: *The Portable Henry James*. Herausgegeben von John Auchard, London 2004

HEIMAT

Civilization's Quotations: Life's Ideal. Herausgegeben von Richard Alan Krieger, New York 2002

*Thomas M. Curley, Sir Robert Chambers: *Law, Literature, and Empire in the Age of Johnson*, Madison, Wisconsin, 1998

Robert Burton: *Die Anatomie der Schwermut*, Frankfurt am Main 2003 [auch: *Die Anatomie der Melancholie*, Mainz 1995 u. a.]

*Anthony Burgess: *Re Joyce*, New York, London 2000

*William Cowper: *The Poetical Works of William Cowper*. Herausgegeben von Henry Francis Cary, London 1864

*James L. Christian: *Philosophy: An Introduction to the Art of Wondering*, Belmont, Kalifornien, 2005

TOD

*Euripides: *Orestes and Other Plays*. Übersetzt von Phillip Vellacott, London 1972

*Jean-Paul Sartre: *The Wall and Other Stories*. Übersetzt von Lloyd Alexander, New York 1975

*Abraham Sagi: *Albert Camus and the Philosophy of the Absurd*, Amsterdam 2002

*Stephen Crane: *Selected Prose and Poetry*. Mit einer Einleitung von William M. Gibson, New York 1950

*Wilfred Sheed: *The Good Word*, New York 1978

*Moya Longstaffe: *The Fiction of Albert Camus: A Complex Simplicity*, Oxford, Bern, Berlin, Brüssel, Frankfurt am Main, New York, Wien 2007

*Zygmunt Bauman: *44 Letters from the Liquid Modern World*, Cambridge 2010

*H. L. Mencken: *The Gist of Mencken: Quotations from America's Critic*. Herausgegeben von Mayo DuBasky, Lanham, Maryland, 1990

*Charles Sanders Pierce: *The Essential Pierce 1867–1893*. Herausgegeben von Nathan Houser und Christian J.W. Kloesel, Bloomington 1992

*James L. Christian: *Philosophy: An Introduction to the Art of Wondering*, Belmont, Kalifornien, 2005

*Philip de May: *Lucretius: Poet and Epicurean*, Cambridge 2009

*Charles Henry Stanley Davis: *Greek and Roman Stoicism and Some of its Disciples Epictetus, Seneca and Marcus Aurelius*, o. O. 1903

Homer: *Ilias*, Stuttgart 2012

*Emily Brontë: *The Poems of Emily Brontë*. Herausgegeben von Barbara Llloyd-Evans, New York 1992

*Robert B. Taylor: *White Coat Tales: Medicine's Heroes, Heritage, and Misadventures*, New York 2008

*Diskin Clay: *Lucretius and Epicurus*, Ithaca, New York, 1983

*Michel E. de Montaigne: *Essais: Sämtliche 107 Essays*. Nach der ersten deutschen Gesamtausgabe von Johann Daniel Tietz, Frankfurt 2000

*Friedrich Nietzsche: *Basic Writings of Nietzsche*. Mit einer Einführung von Peter Gay, übersetzt von Walter Kaufman, New York 2000

*Bisher nicht in deutscher Sprache erschienen.
** Vom Autor herangezogene Übersetzung.

Denken im Freien

Platon, Kant & Co. taugen nicht nur als Geistesakrobaten, sondern auch als Tröster in der Nacht. Jede Seelennot erfährt hier Erstbehandlung durch Zitate, Bonmots und Giftpfeile der größten Geister.

Matthias C. Müller
PHILOSOPHISCHE
NOTAPOTHEKE
Erste Hilfe bei Sinnfragen
144 Seiten. Pappband
ISBN 978-3-424-35054-8

Diederichs